COLLECTION ARTHUR

dirigée par
Alain BENTOLILA
François RICHAUDEAU

CM1
CYCLE 3

Emmanuël SOUCHIER
Enseignant-chercheur à l'ENST

Georges RÉMOND
IEN

Martine DESCOUENS
Institutrice

l'Atelier de Lecture

NATHAN

Avant-propos

L'atelier de lecture CM1 est un cahier de soutien, d'entraînement et de perfectionnement de la lecture, pour les élèves de deuxième année du cycle 3. Cet outil peut aider l'enseignant à mettre en place des ateliers de lecture, visant très spécifiquement à faire progresser les enfants dans les domaines où ils en ont le plus besoin.

I - LES OPTIONS PÉDAGOGIQUES RETENUES

• *Une vision claire et réaliste des objectifs*

Le cahier est organisé en 6 objectifs de lecture clairement identifiés (bien voir, prévoir, comprendre les mots, exercer sa mémoire...). Chacun vise le développement d'une aptitude-clé entrant en jeu dans l'acte de lire. La page de présentation de chaque objectif, à travers une activité ludique, pourra servir de point d'appui pour expliquer aux enfants l'objectif visé. Dans le même souci de clarté, les titres des exercices ciblent l'objectif travaillé.

Objectif 1 : Je m'entraîne à bien voir
Cet objectif vise le développement d'une perception fine par le repérage de mots parmi d'autres dans un texte, par la lecture de phrases ou de textes avec contrainte visuelle, etc.

Objectif 2 : Je m'entraîne à prévoir
L'enfant développe ici ses capacités d'inférence, c'est-à-dire l'aptitude à anticiper, à dépasser le « perçu » pour appréhender le « sous-entendu ». À cet effet, il apprend à s'appuyer soit sur les autres données du document, soit sur ses connaissances personnelles et son bon-sens.

Objectif 3 : Je comprends les mots
On vise ici l'enrichissement du bagage linguistique en mettant l'accent sur la synonymie, les contraires, les nuances de sens, et en alternant les situations en contexte et les situations hors contexte.

Objectif 4 : J'exerce ma mémoire
L'enfant développe ici l'aptitude à mémoriser l'information : informations isolées ou informations portées par la structure d'une phrase ou d'un texte, et qu'il faut retrouver sans pertes ou déformations.

Objectif 5 : Je lis pour chercher des informations
Il s'agit ici d'aider l'enfant à se doter de stratégies efficaces dans les situations, extrêmement fréquentes, de lecture-recherche.

Objectif 6 : Je m'entraîne à résumer
Est visé ici le développement de l'aptitude à synthétiser l'information pour en retenir l'essentiel, soit en triant le principal du secondaire, soit en transférant l'information sur d'autres mots qui la condensent.

• *Une vision claire des résultats*

Dans chaque objectif, les exercices sont classés en deux niveaux de difficulté (niveau ★ ou niveau ★★), le deuxième niveau prolongeant souvent les exercices du premier, à un degré de difficulté légèrement supérieur. Les niveaux ★ et ★★ sont séparés par une page de jeux constituant une « aire de repos » plaisante dans l'apprentissage (lire et rire ne diffèrent que d'une seule lettre !).

© Éditions Nathan - 9, rue Méchain - 75014 Paris - 1997 pour la première édition - ISBN 2.09.121152.4
© Éditions Nathan / VUEF - 2001

À la fin de chaque exercice, un codage simplifié des résultats permet à l'enfant de visualiser ses réussites et, au-delà, d'apprendre peu à peu à s'auto-mesurer (le cahier contient, en son centre, un fascicule de corrigés détachable auquel l'enfant peut se reporter). En cochant la grille récapitulative figurant pages 4-5, l'enfant peut visualiser son parcours d'apprentissage, ses réussites et ses faiblesses.

• ***Un entraînement individualisé***

L'organisation très structurée du cahier permet de prendre en compte l'hétérogénéité de la classe en proposant à chaque enfant, à l'intérieur d'un même objectif, des niveaux d'activités en rapport avec ses compétences. De même, les 6 objectifs peuvent être abordés successivement ou en parallèle, selon les besoins des enfants et les choix de l'enseignant.

II - CONSEILS D'UTILISATION

1. La mise en œuvre des activités de lecture

Les exercices proposés gagneront à être conduits dans le cadre de consignes strictes et en temps mesuré. Ils doivent avoir toute leur place (mais rien que leur place) dans le puzzle complexe des activités à mettre en œuvre pour former de véritables lecteurs polyvalents.
L'utilisation de ce cahier ne se conçoit donc pas, selon nous, en dehors d'une pédagogie de la lecture qui fait alterner, dans de justes proportions, les activités de structuration et les activités en situation vraie. Cet ouvrage permet essentiellement la mise en œuvre des activités de structuration. Le bon usage du coin lecture ou des bibliothèques, la pratique de la lecture suivie, l'utilisation judicieuse des multiples occasions de lire qu'offre la vie d'une classe permettront la mise en œuvre des secondes.

2. L'explicitation des objectifs

Il est important de toujours expliquer aux élèves, avant de commencer un exercice, l'objectif visé. On sait en effet qu'un enfant comprend d'autant mieux un texte et réussit d'autant mieux une tâche qu'il a une vision claire du « pourquoi » il lit ou travaille.

3. La correction : temps d'élucidation des stratégies de lecture

Si les exercices proposés privilégient naturellement la lecture silencieuse, il nous paraît souhaitable que leur correction puisse donner lieu à l'oralisation de tout ou partie du matériau traité. Cette partie essentielle de l'activité sera l'occasion de définir les stratégies de travail les mieux adaptées et les comportements ou « gestes mentaux » les plus efficaces.

Nous espérons que ce cahier, comme les trois autres de la collection, répondra aux besoins et attentes des enseignants des cycles 2 et 3. Son ambition est d'enrichir, en la diversifiant, la palette d'activités que tout enseignant se doit de mettre en place pour que chacun de ses élèves devienne le *vrai lecteur* qu'on attend de lui, condition *sine qua non* d'une scolarité réussie.

Les Auteurs

Édition : Karine Le Forestier
Coordination artistique : Léa Verdun
Conception et réalisation : Esperluette
Illustrations : Paul Beaupère
Saisie : Françoise Thibaud

Grille de suivi

Coche la case lorsque tu as terminé l'exercice.

Niveau ☆

Coche la case lorsque tu as terminé l'exercice.

Niveau ☆☆

Ton cahier de lecture

- **Dans ton cahier de lecture, tu vas lire et écrire. Mais tu vas aussi...**

cocher des cases	☒
entourer des mots ou des dessins	Boa - île - (lit) - cri.
barrer des mots	la ~~récréation~~
souligner des mots	la trousse
compléter des listes ou des phrases	attraper *boir* cacher

- **Si tu veux devenir un bon lecteur, nous te conseillons :**

1. **avant l'exercice**
   – de bien lire la consigne afin de comprendre ce que tu dois faire.
2. **pendant l'exercice**
   – de répondre aux questions dans ta tête d'abord, sans rien écrire,
   – puis d'écrire ta réponse sur ton cahier avec un crayon de papier.
3. **après l'exercice**
   – de colorier les pastilles qui indiquent tes réussites et de comparer ton résultat avec ceux des exercices précédents.

Bonne lecture et bon travail !

OBJECTIF 1

Je m'entraîne à bien voir

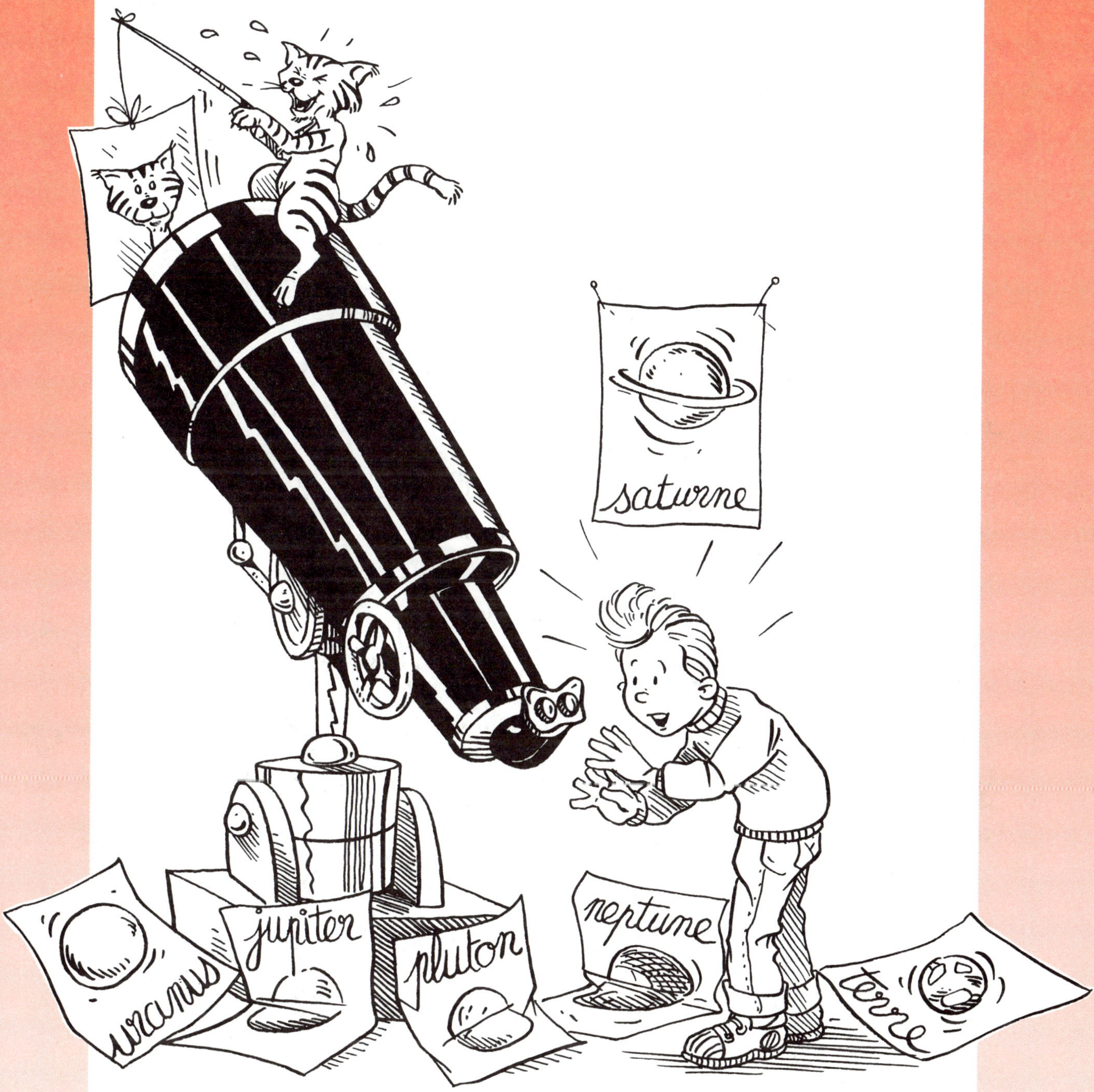

Range les noms des planètes dans l'ordre alphabétique.

1 Les mots mêlés (1)

▶ **Retrouve les mots AVION, AILE, HELICE. Entoure-les.
Attention, ils peuvent apparaître plusieurs fois ! Tu peux lire dans ce sens → et dans ce sens ↓ :**

Compte tes bonnes réponses ____ puis colorie les pastilles : ○○○○

Plus de 6 → 4 pastilles	5 ou 6 → 3 pastilles	3 ou 4 → 2 pastilles	moins de 3 → 1 pastille

2 La course aux jumeaux (1)

Regarde bien le premier mot de chaque liste. Entoure ses « frères jumeaux » dans la liste, puis compte-les.
Le premier « frère jumeau » est donné en exemple.

a CERISE - POMME - PÊCHE - POIRE - ABRICOT - CERISE - MELON - ORANGE - *GROSEILLE - POTIRON - CERISE - RAISIN - CHÊNE - NOIX - CERISE - GROSEILLE* - CHÂTAIGNE - ANANAS - PRUNE - PAMPLEMOUSSE - CITRON - FRAISE - PASTÈQUE.

CERISE : ____ fois

b NAVET - SALADE - LAITUE - ENDIVE - RADIS - CAROTTE - NAVET - HARICOT - *OIGNON - AUBERGINE - HARICOT - POIREAU - JARDINIER - ÉPINARD - NAVET* - OSEILLE - NAVET - PERSIL - POMME DE TERRE - BETTERAVE - PETIT POIS.

NAVET : ____ fois.

c CHOU - BOUT - DOUX - CHOU - ÉGOUT - HIBOU - POU - CAILLOU - GENOU - *COU - CHOC - TOUT - CHOU - BOUC - DOUX - FOU - CHOU - COUCOU - COUVE - BAMBOU* - FLOU - ZOULOU - CHUTE - CHOUETTE - CHOU - GOÛT - DEBOUT - CHAT - LOUP.

CHOU : ____ fois.

d POULE - PINTADE - CHÈVRE - POUSSIN - POULE - COQ - AGNEAU - POULET - DINDE - VACHE - BŒUF - POULE - DINDON - VEAU - RENARD - PINTADEAU - ***MOUTON - CANARD - LAPIN - OIE - VACHE - POULE - PORC - BREBIS - LOUP.***

POULE : ____ fois.

e ASTICOT - ABRICOT - ABRITER - HARICOT - ASTICOT - ABSENT - COQUELICOT - TRICOT - ASTICOT - PAQUEBOT - ESCARGOT - BRIGAND - ROBOT - ASTICOT - ***GIGOT - VOLEUR - CACHALOT - CAMELOT - GRELOT - ASTICOT - JAVELOT - MULOT - CALOT.***

ASTICOT : ____ fois.

f COLOMBE - COLONEL - TOMBE - COLON - NOMBRE - COLOMBE - COLLÈGE - BOMBE - CULTURE - COLONNE - SOMBRE - COLLINE - ONDE - COLOMBE - COLORER - **ENCOMBRE - COLONNE - OMBRE - COMBLE - COLLE - PÉNOMBRE - COLOMBE - COLLIER.**

COLOMBE : ____ fois.

1 point par liste. Compte tes points ____ puis colorie les pastilles : ○○○○

Plus de 4 → 4 pastilles	4 → 3 pastilles	3 → 2 pastilles	moins de 3 → 1 pastille

3 Le texte fléché (1)

▶ **1 Lis ce texte en suivant les flèches.**

On a volé la tour Eiffel

Marc habitait près de la Seine, avenue Paul-Deschanel. Quand il ouvrait ses persiennes, il voyait la tour Eiffel. Mais un matin, au petit jour, Marc ne voit plus la tour. Que s'est-il passé ? C'est un coup monté ! On nous l'a volée ! En pyjama, sans s'habiller, il dégringole l'escalier.

Les nomades du Sahara voulaient faire pousser du blé. Ils l'ont plantée dans le désert, là-bas, un jet d'eau au bout du nez.

Une bande de forains, qui s'en allaient à la foire, emportait dans sa roulotte matériel et accessoires. Ils virent soudain la tour et dirent d'une seule voix : « Laissons là nos chevaux de bois ! En y ajoutant quelques sièges : quel beau manège ! »

Ce sont les Russes qui nous l'ont volée ! Parce qu'on n'arrête pas le progrès, et qu'une fois de plus ils voulaient construire une nouvelle fusée.

Un enfant géant est passé par là. Aimant les jeux de construction, il a démonté la tour, pont par pont, pendant la nuit, sans qu'on le voie.

Marc arrive au rez-de-chaussée. Mais en ouvrant la porte, il voit que la tour est là, debout sur ses quatre pieds. Le brouillard qui l'avait cachée, pendant qu'il descendait, s'était dissipé…

D'après C. Lombard, E. Novlant,
On a volé la tour Eiffel,
D.R.

2 Entoure les mots de cette liste qui se trouvent dans le texte que tu viens de lire.

forains - escalier - dessert - pyjama - persiennes - pendant - projet - scène - sud - quatre - dégringole.

Compte tes bonnes réponses ______ puis colorie les pastilles : ○○○○

Plus de 5 → 4 pastilles	4 ou 5 → 3 pastilles	3 → 2 pastilles	moins de 3 → 1 pastille

4 L'intrus

1 Entoure l'intrus dans chaque liste. Pour le retrouver, observe bien le début ou la fin de chaque mot.

a tailleur - chaleur - coiffeur - courrier - patineur - voyageur.

b tranchante - tranquille - transistor - travailler - transpirer - transporter.

c gonflable - réparable - admirable - invivable - invisible - imperméable.

d jambe - grande - grange - grise - groin - grain.

e éponge - allonge - étrange - ronge - plonge - songe.

f fatiguée - fêlée - affolée - gênée - café - durée.

g droit - dragon - drôle - dure - dressée - drame.

h spéciale - spatiale - sportive - sport - sparadrap - spectacle - statue.

i blonde - blanche - triche - broche - bûche - crèche - bouche.

j jeu - peu - feu - rue - cheveu - neveu - bleu.

2 Entoure l'intrus dans chaque liste. Cette fois, observe et écoute bien toutes les syllabes du mot.

a moulin - poussin - cousin - boudin - bouquin - malin - gourdin.

b chat - chaleur - chasseur - charmeur - chahuteur.

c attraper - attacher - attirer - attaquer - attrister - attendrir - attrouper.

d cachalot - écharpe - cachette - tranchée - lunettes - recharge.

e poser - posséder - assurer - pansement - balançoire - penser - parcelle.

f opération - occasion - audition - addition - option - ovation.

g main - brin - faim - chemin - parfum - haine - un.

h gentiment - gaiement - gourmand - galant - gluant - grand.

i excellent - taxi - deux - texte - silex - fixe.

j grenouille - rouille - fouille - nouille - feuille - chatouille.

1 point pour 2 listes. Compte tes points ____ puis colorie les pastilles : ○○○○

Plus de 8 → 4 pastilles	6 à 8 → 3 pastilles	3 à 5 → 2 pastilles	moins de 3 → 1 pastille

5 Des intrus dans l'ordre alphabétique

1 Dans chaque liste, tous les mots sont rangés par ordre alphabétique, sauf un. Barre ceux qui ne sont pas à leur place.

a local - loge - logique - loi - locataire - long - loquet - losange - loterie - loupe.

b cachot - cadeau - calcaire - camion - car - câlin - case - cave.

c aube - audition - automatique - augmentation - aumône - autocollant.

d incapable - indien - intéressant - inexact - infect - injuste - inoffensif.

e tracteur - tradition - trajet - trame - trappe - traverser - transporteur.

f classeur - classe - classer - classique - clavecin - clavier - clef.

2 Dans chaque liste, presque tous les mots sont rangés par ordre alphabétique. Barre ceux qui ne sont pas à leur place.

a âne - chercher - creuser - cascadeur - fantastique - jupe - métro - reflet - rouler - querelle.

b lire - liseron - lettre - noix - mur - musée - phare - partager - partir - vélo.

c épreuve - équipage - étourdi - étrennes - étroit - exact - évier - éviter - exposition - expulser.

d matelot - mauvais - mécontent - métro - migale - mignon - miche - monter - montre - mousse - mystérieux.

e nappe - natation - nature - natif - naturel - navet - navigable - naufrage - navire - navré.

f poteau - potable - potage - potelé - poterie - potiron - potiche - potier - potion.

1 point par liste. Compte tes points ____ puis colorie les pastilles : ○○○○

Plus de 9 → 4 pastilles	7 à 9 → 3 pastilles	4 à 6 → 2 pastilles	moins de 4 → 1 pastille

6 La liste alphabétique (1)

Les mots soulignés dans le texte sont classés, avec d'autres, dans la liste alphabétique qui suit. Retrouve ces mots et barre-les dans la liste. Attention ! Comme dans un dictionnaire, les noms de la liste sont au singulier, les verbes à l'infinitif, etc.

Les poissons dorment-ils ?

Quand on dort, on ferme les yeux ou plutôt les paupières viennent recouvrir nos yeux comme de petits rideaux. Mais ce n'est pas là le rôle principal des paupières. Continuellement, elles descendent, remontent pour que l'œil reste humide. Les poissons, eux, n'ont pas de paupières, ils n'en ont pas besoin puisqu'ils vivent dans l'eau. Cela ne les empêche pas de se reposer, comme tout animal, le jour ou la nuit, suivant leurs habitudes. Après avoir choisi leur lieu de repos, ils ne se couchent pas pour dormir, ils se laissent simplement flotter. Et quand on connaît les nombreux dangers de la mer, on se dit qu'il doit être plus facile d'éviter les mauvaises surprises si l'on a deux yeux ouverts, même quand on dort.

D'après G. Barthélemy, *La Mer et ses Secrets*, Éd. Nathan.

après	humide	quand
besoin	il	rideau
choisir	jour	rôle
connaître	koala	simplement
continuellement	lieu	tout
deux	mauvais	tortue
devoir	nuit	usine
écaille	œil	vivre
empêcher	paupière	volet
facile	poisson	wagon
gruyère	pour	yack
		zoo

1 point pour 4 mots barrés. Compte tes points ____ puis colorie les pastilles : ○○○○

Plus de 4 → 4 pastilles 4 → 3 pastilles 3 → 2 pastilles moins de 3 → 1 pastille

1 Des images qui font tourner la tête !

Ces dessins sont-ils représentés vus par-dessus ou par-dessous ?

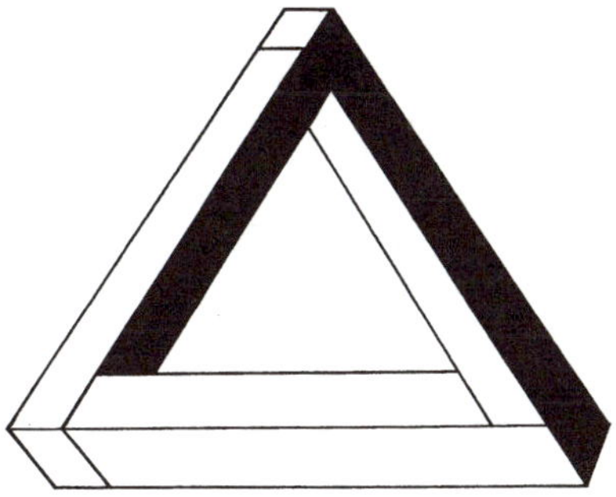

Pouvez-vous en croire vos yeux ?, Y & B Associates Inc, 1984.

2 Un dessin qui bouge...

Rapproche doucement tes yeux de ce dessin jusqu'à ce que ton nez touche le livre... et tu verras les deux parties du pont se rejoindre.

3 Histoires pour rire, histoire de rire

Un chauffeur de taxi dit à sa cliente qui descend de voiture :
– Ça fait cinquante francs, Madame.
La dame fouille dans son porte-monnaie.
– Oh ! je n'ai que quarante francs, vous ne pourriez pas reculer un peu ?

* * * *

– Où es-tu né ? demande Toto à son camarade.
– Moi, dans une clinique.
– Ah, tu étais déjà malade !

Textes de Béatrice Solleau, *300 histoires pour rire,* Éd. Lito, 1992.

7 Les mots mêlés (2)

Retrouve les mots VOILE, MÂT et BATEAU. Entoure-les. Ils peuvent être répétés plusieurs fois.
Tu peux lire dans tous les sens : → ↓ ↑ ←

Compte tes bonnes réponses ____ puis colorie les pastilles : ○○○○

Plus de 5 → 4 pastilles	4 ou 5 → 3 pastilles	3 → 2 pastilles	moins de 3 → 1 pastille

8 La course aux jumeaux (2)

1 Cherche, dans chaque liste, le « frère jumeau » du premier mot écrit en couleur. Souligne-le. S'il n'y a pas de « frère jumeau », entoure la lettre de la liste.
Les deux premières listes sont données en exemple.

a	**agir**	agile	agent	agir
(b)	**brillant**	brigand	brique	brisant
c	**commune**	commun	brun	prune
d	**dentiste**	dentifrice	dentiste	dentelle
e	**écrire**	décrire	inscrire	écrire
f	**fraction**	traction	fraction	action
g	**guide**	vide	guidon	guide
h	**habitant**	habiller	habitude	haletant
i	**imprimé**	impureté	imprudence	imposer

2 Cherche, dans chaque liste, le « frère jumeau » du premier mot écrit en couleur. Souligne-le. S'il n'y a pas de « frère jumeau », entoure la lettre de la liste.

a	***octobre***	odorant	*octogone*	octave
b	***patron***	pardon	*partons*	parlons
c	***quille***	fille	*bille*	quille
d	***refrain***	frein	*réfléchir*	reflet
e	***sauce***	saute	*saule*	sauce
f	***thon***	tronc	*thon*	fond
g	***union***	unique	*unité*	union
h	***verger***	verger	*venger*	verglas
i	***zéro***	zone	*zéro*	zoo
j	***lancer***	langer	*lance*	lande

1 point par liste. Compte tes points ____ puis colorie les pastilles : ◯◯◯◯

Plus de 14 → 4 pastilles	10 à 14 → 3 pastilles	5 à 9 → 2 pastilles	moins de 5 → 1 pastille

9 Le texte fléché (2)

1 Lis ce texte en suivant les flèches.

Qu'est-ce qu'un volcan ?

Un
volcan
c'est
un endroit
où
l'écorce

terrestre
s'ouvre
et
laisse
sortir
de

la roche
fondue
qui
vient
des
profondeurs

de
la terre :
le magma.
Par
moments,
le magma

pousse
pour
sortir :
le volcan
entre en
éruption.

D'où vient la lave ?

Imagine
que
tu
descends
vers
le centre
de
la terre.
Plus

tu
t'enfonces,
plus
tu as
chaud.
À
trois
kilomètres
de

profondeur,
il fait
déjà
100°,
la
température
de l'eau
quand
elle

bout.
À
100 km,
la
température
est
si forte
que
même

les roches
fondent.
Elles
deviennent
alors
presque
liquides
et
se mélangent

à
des gaz.
C'est
le magma.
Poussé
par
les gaz,
il remonte
parfois

par
les fentes
de
l'écorce
de
la terre.
Puis
il arrive
dans

le volcan.
Quand
il jaillit,
une partie
de ses gaz
s'échappe
dans
l'air
et

le magma
devient
de
la lave
qui
s'écoule
sur
les pentes.

D'après *Les Volcans et les Montagnes*, collectif, Éd. Nathan, 1986.

2 Barre les phrases qui ne sont pas exactement comme dans le texte.

a Imagine que tu descends au centre de la terre.
b Puis il arrive dans le volcan.
c Plus tu t'enfonces, plus c'est chaud.
d Par moments, le magma mousse pour sortir : le volcan entre en évasion.
e C'est le magma du volcan.

Compte tes bonnes réponses ______ puis colorie les pastilles : ○○○○

4 → 4 pastilles	3 → 3 pastilles	2 → 2 pastilles	moins de 2 → 1 pastille

10 Les mots à l'eau

Les mots de la liste ci-dessous sont utilisés dans le document « Expériences amusantes sur l'eau ».
Entoure ces mots dans le document, à chaque fois que tu les rencontres.

eau - membrane - surface - aiguille - imperméable

Expériences amusantes sur l'eau

Une « peau invisible » : regardez une goutte d'eau qui tombe ou qui roule sur une surface imperméable. On dirait une petite boule parfaitement lisse. C'est que la surface de l'eau est maintenue par une force très puissante appelée *tension superficielle*. Cette force agit comme si l'eau était recouverte d'une sorte de « peau » invisible. Voici deux expériences pour observer ce phénomène :

L'aiguille flottante

À votre avis, peut-on faire flotter du métal ?

Matériel : une cuvette, une fourchette, une aiguille.

1 Remplissez la cuvette d'eau claire.

2 Posez l'aiguille sur la fourchette que vous plongerez très lentement dans l'eau. Si vous ne faites pas de gestes brusques, l'aiguille restera à la surface où elle flottera.

Que se passe-t-il ?
La surface de l'eau est rompue par la fourchette mais elle se reforme aussitôt sous l'aiguille. Cette « membrane » retient donc l'aiguille, qui est très légère, et l'empêche ainsi de couler. Vous pouvez même voir la surface de l'eau « plier » sous le poids de l'aiguille.

L'eau ne passe pas

Un simple mouchoir peut être imperméable. Vous en doutez ? Eh bien, essayez ce truc.

1 Prenez un pot plein d'eau et un mouchoir mouillé.

2 Couvrez l'ouverture du pot avec votre mouchoir que vous maintiendrez en place, bien tendu, à l'aide d'un élastique.

3 Retournez le pot sens dessus dessous. Pas une goutte ne s'en échappe !

Que se passe-t-il ?
Le mouchoir se compose de fils entrelacés. Entre ces fils, il y a une multitude de trous minuscules. Or, la tension superficielle agit comme une « membrane » qui empêche l'eau de passer à travers ces trous. C'est le même phénomène qui rend imperméable le tissu des parapluies.

D'après B. Walpole, *Expériences amusantes sur l'eau*, Éd. Nathan, 1987.

1 point pour 2 mots. Compte tes points ______ puis colorie les pastilles : ○○○○

Plus de 11 → 4 pastilles	8 à 11 → 3 pastilles	4 à 7 → 2 pastilles	moins de 4 → 1 pastille

11 Les phrases masquées

1 Retrouve les phrases qui sont rigoureusement identiques.
Écris les couples de lettres ci-dessous.

a En un mois, les cheveux poussent d'environ un centimètre.
b Tout le monde pleure de temps en temps, même les adultes.
c Le plus petit os du squelette se trouve au fond de l'oreille.
d En un mois, les cheveux poussent d'environ un centimètre.
e En un mois, les ongles poussent d'environ un demi-centimètre.
f Tout le monde pleure de temps en temps, même les adultes.
g Tout le monde chante de temps en temps, même les adultes.
h Le plus petit os du squelette se trouve au fond de l'oreille.
i En un mois, les ongles poussent d'environ un demi-centimètre.

Les phrases rigoureusement identiques sont les phrases :

____ *et* ____, ____ *et* ____, ____ *et* ____, ____ et ____.

2 Retrouve les phrases qui sont rigoureusement identiques.
Écris les couples de lettres ci-dessous.

a Le bébé reste neuf mois dans le ventre de sa mère.
b Enfants de la même mère, les jumeaux naissent l'un après l'autre.
c Un bébé pèse environ trois kilos à la naissance.
d Quand le bébé n'est pas assez gros, on le met parfois en couveuse.
e Quand un bébé n'est pas très gros, on le met parfois en couveuse.
f Un bébé pèse environ trois kilos à la naissance.
g Quand le bébé n'est pas assez gros, on le met parfois en couveuse.
h Enfants de la même mère, les jumeaux naissent l'un après l'autre.
i Le bébé reste neuf mois dans le ventre de sa mère.

Les phrases rigoureusement identiques sont les phrases :

____ *et* ____, ____ *et* ____, ____ *et* ____, ____ *et* ____.

D'après *Notre corps*, Éd. Nathan, 1987.

Compte tes **bonnes réponses** ____ puis colorie les pastilles : ○○○○

Plus de 6 → 4 pastilles	5 ou 6 → 3 pastilles	3 ou 4 → 2 pastilles	moins de 3 → 1 pastille

12 La liste alphabétique (2)

1 Presque tous les mots soulignés dans le texte sont classés, avec d'autres, dans la liste alphabétique qui suit. Entoure, dans le texte, les mots qui ont été oubliés dans la liste.
Le premier mot est donné en exemple.

Les tortues et leurs secrets

Les tortues sont des reptiles, et comme tous les reptiles (serpents, lézards, crocodiles) elles pondent des œufs. Ces œufs ont besoin de chaleur pour éclore. Quand l'époque de la ponte est venue, les tortues marines sortent de l'eau. Elles creusent dans le sable de grands trous où elles déposent chacune un millier d'œufs environ. Elles recouvrent soigneusement le nid et effacent toutes les traces pour éviter que ce nid soit découvert. Le soleil, en chauffant le sable, permet la couvaison et, au bout de six à sept semaines, des centaines de bébés tortues sortent des trous et, de toute la vitesse de leurs petites pattes, s'efforcent de gagner la mer afin d'échapper aux oiseaux qui ont attendu l'éclosion pour faire un bon repas.

D'après G. Barthélemy, *La Mer et ses Secrets*, Éd. Nathan.

abricot - afin - bébé - bout - château - creuser - déposer - épaule - être - faire - gant - habit - insecte - jouet - kilo - lézard - millier - mouiller - niche - œuf - ou - où - pondre - ponte - permettre - quoi - répit - serpentin - soleil - sortir - tracer - urgent - vider - whisky - xylophone - yaourt - zéro.

2 Range les mots oubliés dans l'ordre alphabétique en les mettant à l'infinitif ou au singulier comme dans un dictionnaire :

____

____

Compte tes bonnes réponses ____ puis colorie les pastilles : ○○○○

Plus de 8 → 4 pastilles	6 à 8 → 3 pastilles	3 à 5 → 2 pastilles	moins de 3 → 1 pastille

13 La liste alphabétique (3)

Complète la liste alphabétique qui suit avec les mots soulignés dans le texte.
Attention ! Tu dois remettre les verbes à l'infinitif, les noms au singulier et les adjectifs au masculin, comme dans un dictionnaire.

Les tortues et leurs secrets

Si vous avez élevé une tortue terrestre, vous l'avez sûrement nourrie de belles feuilles de salade bien vertes, elle en est très friande. Mais elle ne refuse pas non plus une nourriture plus consistante comme les limaces et les escargots, ce qui fait d'elle une aide précieuse pour les jardiniers !
Les tortues marines, comme leurs cousines terrestres, sont à la fois végétariennes et carnivores. Algues, crustacés, mollusques et poissons constituent leur nourriture.
La tortue verte, que l'on trouve dans toutes les mers chaudes, y compris la Méditerranée, peut peser jusqu'à 450 kg. C'est avec cette espèce que l'on fait la « soupe à la tortue ». Comme on peut le voir, une seule tortue suffit à nourrir plusieurs familles !

D'après G. Barthélemy, *La Mer et ses Secrets*, Éd. Nathan.

accrocher	dynamite	______	______
______	______	mer	______
ami	______	______	souper
______	______	______	______
bavoir	gâteau	______	ustensile
______	hibou	ouvrier	______
chaud	ingénieur	poussière	wapiti
______	______	______	xylophone
______	koala	quand	yéti
______	______	refouler	zoo

1 point pour 2 mots. Compte tes points ____ puis colorie les pastilles : ○○○○

Plus de 8 → 4 pastilles	6 à 8 → 3 pastilles	3 à 5 → 2 pastilles	moins de 3 → 1 pastille

Je m'entraîne à prévoir

Mets les mots dans l'ordre et tu découvriras un message !

1 Un mariage rapide

1 Retrouve l'adjectif que tu peux marier avec le nom. Écris, après chaque nom, le numéro de l'adjectif qui convient.
Le premier mot est donné en exemple.

Noms		Adjectifs
a un fruit	3	1 verte
b de la salade	___	2 repassé
c une élève	___	3 mûr
d de l'eau	___	4 cirées
e des chaussures	___	5 gazeuse
f un volet	___	6 sage
g du linge	___	7 croustillant
h du pain	___	8 fermé

2 Retrouve la deuxième partie de chaque expression. Écris, après chaque début d'expression, le numéro de la fin qui convient.
La première expression est donnée en exemple.

a un château	5	1 de français
b une serviette	___	2 de table
c un collier	___	3 de pommes de terre
d une paire	___	4 de perles
e un fauteuil	___	5 de sable
f une leçon	___	6 de couleur
g un crayon	___	7 de gants
h une purée	___	8 de cuir

Compte tes bonnes réponses ___ puis colorie les pastilles : ○○○○

Plus de 11 → 4 pastilles — 8 à 11 → 3 pastilles — 4 à 7 → 2 pastilles — moins de 4 → 1 pastille

2 Les mots en balance (1)

Voici une balance. Sur le plateau de gauche, les deux mots sont liés. Trouve la même liaison sur le plateau de droite. Coche la case qui convient.

Exemple :

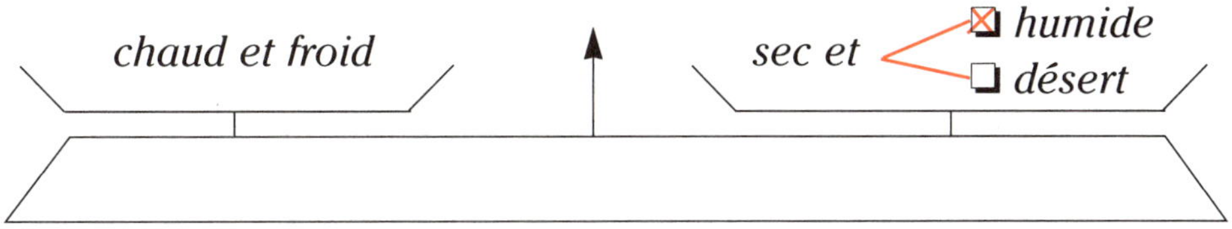

a	nuit et jour	matin et	☐ matinée ☐ soir
b	lourd et léger	facile et	☐ curieux ☐ compliqué
c	fort et faible	fragile et	☐ résistant ☐ léger
d	loin et proche	tard et	☐ long ☐ tôt
e	panthère et animal	marguerite et	☐ pétale ☐ fleur
f	armoire et meuble	carotte et	☐ légume ☐ courgette
g	montre et aiguille	stylo et	☐ plume ☐ feutre
h	écolier et cartable	plombier et	☐ boîte à outils ☐ fuite d'eau
i	bateau et voile	livre et	☐ dictionnaire ☐ page
j	poule et plume	chat et	☐ chien ☐ poil

Compte tes **bonnes réponses** ____ puis colorie les pastilles : ○○○○

Plus de 8 → 4 pastilles	6 à 8 → 3 pastilles	3 à 5 → 2 pastilles	moins de 3 → 1 pastille

3 Les mots pirates

1 Barre le ou les mots pirates qui se cachent dans chaque phrase. La première phrase est donnée en exemple.

Du thé, du café ou du chocolat ?

a Le chocolat est fait ~~à croquer~~ avec du cacao.

b Le cacao vient d'un arbre branche des pays tropicaux, le cacaoyer.

c Le thé et le café poussent sur des arbustes de certains pays chauds les marrons, le théier et le caféier.

d Sur le théier, il faut cueillir les feuilles de papier les plus tendres, tout au bout de la tige. En séchant elles deviennent mais surtout brunes.

e Le fruit du caféier ressemble s'assemble à une petite cerise rouge qui contient deux grains verts que l'on fait griller.

D'après *Ce que nous mangeons,* collectif, Éd. Nathan, 1987.

2 Barre le ou les mots pirates qui se cachent dans chaque phrase.

Drôles d'oiseaux !

a Le plus grand et le plus poids lourd des oiseaux, c'est l'autruche avec ses 2,50 m de haut et ses 150 kg. Mais c'est un oiseau qui ne vole pas.

b L'autruche court très vite, jusqu'à 60 km/h. Ses ailes sont ridiculement petites et c'est à peine perdue si elles lui servent de balancier quand elle court toujours.

c Une araignée, la néphila, construit une toile de tente dont le diamètre atteint 1,80 m. Les habitants se servent de ces toiles comme filets de pêche.

d Les lumières des immeubles et des phares attirent les oiseaux migrateurs se déplaçant la nuit blanche : 20 000 oiseaux se sont écrasés ainsi en une seule nuit contre une deux tour de 500 m aux États-Unis d'Amérique.

D'après Tison et Taylor, *Ces animaux qui nous étonnent,* D.R.

Compte tes **bonnes réponses** ____ puis colorie les pastilles : ○○○○

Plus de 9 → 4 pastilles	7 à 9 → 3 pastilles	4 à 6 → 2 pastilles	moins de 4 → 1 pastille

4 Qui dit quoi ?

1 Coche la fin qui convient pour chaque phrase. Fais bien attention à qui parle et à ce qui est dit.

a « Je vais vous donner un traitement pour vos problèmes de circulation »,
dit
❑ l'agent de police.
❑ l'institutrice.
❑ le médecin.

b « L'importante circulation du week-end a causé de nombreux accidents »,
dit
❑ le médecin.
❑ le journaliste.
❑ le bébé.

c « Toute ma viande est en chambre froide »,
dit
❑ le propriétaire.
❑ le boucher.
❑ l'ébéniste.

d « Le loyer de cette chambre est de 500 F »,
dit
❑ le propriétaire.
❑ le boucher.
❑ l'ébéniste.

2 Coche la fin qui convient pour chaque phrase. Fais bien attention à qui parle et à ce qui est dit.

a « Il reste encore beaucoup de marches »,
dit un visiteur
❑ en bas de la tour Eiffel.
❑ dans la tour Eiffel.
❑ en haut de la tour Eiffel.

b « Je ne monte pas plus haut, j'ai le vertige »,
dit un autre visiteur
❑ au sommet de la tour Eiffel.
❑ au pied de la tour Eiffel.
❑ au 1er étage de la tour Eiffel.

c « Je préfère prendre l'ascenseur pour redescendre »,
dit une dame
❑ au sommet de la tour Eiffel.
❑ à côté de la tour Eiffel.
❑ en bas de la tour Eiffel.

Compte tes bonnes réponses ____ puis colorie les pastilles : ○○○○

Plus de 5 → 4 pastilles	4 ou 5 → 3 pastilles	3 → 2 pastilles	moins de 3 → 1 pastille

5 Le mot-outil, oui, mais le bon ! (1)

Trouve le mot-outil qui convient et coche-le.
La première phrase est donnée en exemple.

a Il est au lit
- ❏ mais
- ❏ ou
- ☒ car

il a attrapé une angine.

b Je ne sais pas
- ❏ parce que
- ❏ pourquoi
- ❏ comment

il n'est pas venu.

c Je suis désolé
- ❏ mais
- ❏ alors
- ❏ puis

tu es trop enrhumé pour aller à la piscine.

d Il a eu une mauvaise note,
- ❏ parce que
- ❏ pourtant
- ❏ puis

il avait révisé.

e Mon père a téléphoné à la gare
- ❏ car
- ❏ sans
- ❏ pour

savoir l'heure du train.

f Il n'arrête pas de pleuvoir
- ❏ pour que
- ❏ parce que
- ❏ depuis que

nous sommes en vacances,

c'est dommage
- ❏ puis
- ❏ car
- ❏ quand

nous ne pouvons pas nous baigner.

g Chaque jour
- ❏ pendant
- ❏ après
- ❏ avant

la sortie de l'école,

Tom passe à la boulangerie
- ❏ avec
- ❏ car
- ❏ pour

acheter des bonbons.

Compte tes bonnes réponses ____ puis colorie les pastilles : ○○○○

Plus de 6 → 4 pastilles	5 ou 6 → 3 pastilles	3 ou 4 → 2 pastilles	moins de 3 → 1 pastille

6 Les mots échappés

1 Quatre mots se sont échappés de ce texte. Retrouve leur place en faisant bien attention au sens et à l'orthographe. Trace une barre à l'endroit de la phrase où doit venir le mot. Écris ensuite son numéro.
Le premier mot est donné en exemple.

Madame Pilou

Madame Pilou est une bonne | 3 vieille aux joues roses et aux cheveux gris ; elle habite avec son chat dans un petit appartement sans balcon, c'est pourquoi tous les matins, après s'être habillée, elle emmène Minou faire un tour dans le quartier, au bout d'une ficelle.

1 Minou **2 coiffée,** **3 petite** **4 sombre**

2 Plusieurs mots se sont échappés de ces deux recettes. Trace une barre et écris le numéro du mot à l'endroit qui convient.

Tartine au beurre de chocolat

Râper deux carrés de chocolat. Mélanger avec deux cuillères de beurre. Tartiner sur du pain.

1 à café **2 noir** **3 viennois** **4 fondu**

Tartine aux noix, gruyère et endives

Beurrer une grande tartine de pain. Y poser quelques lamelles de gruyère, deux noix coupées en morceaux, ainsi qu'une feuille d'endive.

5 bien lavée **6 fraîches** **7 belle**

Compte tes bonnes réponses ______ puis colorie les pastilles : ○○○○

Plus de 8 → 4 pastilles	6 à 8 → 3 pastilles	3 à 5 → 2 pastilles	moins de 3 → 1 pastille

Jeux

1 Charade

Mon premier est la dent pointue du chien.

Il faut apprendre par cœur mon deuxième pour passer le permis de conduire.

J'aimerais vivre sur mon troisième… pourvu qu'elle soit déserte !

Mon tout est un animal dangereux.

Le Livre des charades et des rébus, CRDP de l'Académie d'Amiens, 1992.

Retourne ton livre pour lire la réponse en bas de page.

2 Que vois-tu ?

Un vase
ou deux visages ?

Deux, six, huit triangles
ou aucun ?

Pouvez-vous en croire vos yeux ?, Y & B Associates Inc, 1984.

3 Devinettes

1. Je suis un légume vert. Mais si tu changes ma première lettre, je ne suis plus dans mon assiette.

2. Avec quatre lettres le monde me suit ; quand j'en ai cinq, je suis le monde.

3. Tu es ma fille, mais je ne suis pas ton père. Qui suis-je ?

4. La poche de mon pantalon est vide et il y a pourtant quelque chose dedans. Quoi ?

5. Quelles sont les trois lettres de l'alphabet que tu prononces en voyant quelqu'un en sueur ?

Textes de Béatrice Solleau, *300 histoires pour rire,* Éd. Lito, 1992.

Réponses : 1. le crocodile (croc - code - île).
3. 1 : salade - malade. 2 : la mode - le monde. 3 : ta mère. 4 : un trou. 5 : LHO.

7 La suite logique

1 Retrouve la suite logique de chaque expression. Écris, après chaque début, le numéro qui correspond à la suite de l'expression.
La première expression est donnée en exemple.

a	un régime…	2	1	… de récréation.
b	une fraise…	____	2	… de bananes.
c	une carafe…	____	3	… d'exercices.
d	une bobine…	____	4	… de poche.
e	une lampe…	____	5	… des bois.
f	une tempête…	____	6	… de fil.
g	un cahier…	____	7	… de neige.
h	une cour…	____	8	… d'eau.

2 Retrouve la suite logique de chaque expression. Écris, après chaque début, la lettre (colonne 1), puis le chiffre (colonne 2) qui correspond à la suite de l'expression.
Attention, cette fois la suite logique est en deux parties. La première expression est donnée en exemple.

a	J'ai…	E - 7	A	ma langue	1	comme un singe.
b	Je donne…	____ - ____	B	des larmes	2	de canard.
c	Il fait…	____ - ____	C	malin	3	au chat.
d	Il est…	____ - ____	D	têtue	4	de cochon.
e	Elle est…	____ - ____	E	une faim	5	de crocodile.
f	Il a…	____ - ____	F	un froid	6	comme une mule.
g	Il verse…	____ - ____	G	une tête	7	de loup.

1 point par ligne. Compte tes points ____ puis colorie les pastilles : ○○○○

Plus de 10 → 4 pastilles	7 à 10 → 3 pastilles	4 à 6 → 2 pastilles	moins de 4 → 1 pastille

8 Les mots en balance (2)

Deux mots sont liés à gauche. Trouve la même liaison à droite en cochant la case qui convient.

a mouton et laine — poisson et ❑ viande ❑ écaille

b chasseur et gibier — pêcheur et ❑ rivière ❑ poisson

c pluie et imperméable — soleil et ❑ chapeau ❑ lune

d riz et casserole — café et ❑ sucre ❑ tasse

e livres et cahiers — cuillers et ❑ repas ❑ fourchettes

f garçon et fille — ville et ❑ campagne ❑ habitant

g bottes et caoutchouc — portes et ❑ bois ❑ fenêtres

h riz et sauce tomate — café et ❑ tasse ❑ sucre

i buvette et boire — restaurant et ❑ manger ❑ serveur

j oreille et écouter — œil et ❑ regarder ❑ pouvoir

Compte tes bonnes réponses ____ puis colorie les pastilles : ○○○○

Plus de 8 → 4 pastilles	6 à 8 → 3 pastilles	3 à 5 → 2 pastilles	moins de 3 → 1 pastille

9 Une recette à la noix !

1 Certains mots de la recette ont été remplacés par d'autres. Souligne-les. Le premier mot est donné en exemple.

Le gâteau aux poires

Préparation : 30 minutes. **Cuisson :** 1 <u>beurre</u>.

Pour 8 à 10 personnes.

4 œufs ; 6 poires ; 125 g de peur ; 250 g de sucre en coudre ; 250 g de farine ; 1/2 sachet de sucre vanillé ; 1 sachet de levure.

a Écorcher les poires, les couper en deux, ôter les pépins.

b Mettre les quatre œufs dans un saladier avec le sud. Battre avec une fourche jusqu'à ce que la mésange soit lisse et mousseux.

c Ajouter le beurre légèrement fondu puis, peur à peur, la farine, la voiture et le sucre vanillé.

d Beurrer un moulin, y verser la pâte.

e Disposer les moitiés de boire sur le dessus, le côté arrondi vers le haut. Secouer de sucre en poudre.

f Faire luire une heure à dour foux. Laisser refroidir avant de dérouler.

2 Cherche dans les paniers les mots qui pourraient remplacer ceux que tu viens de souligner. Écris leur numéro au-dessus du mot qu'ils remplacent.

Compte tes bonnes réponses ____ puis colorie les pastilles : ○○○○

Plus de 11 → 4 pastilles	8 à 11 → 3 pastilles	4 à 7 → 2 pastilles	moins de 4 → 1 pastille

10 Où mettre le bon point ?

1 Une partie de la ponctuation a été oubliée dans ce texte. Replace ce qui manque. Aide-toi des majuscules du texte et de la liste des signes oubliés. Dans le texte il manque : ! . . , , , , ,

Le royaume des Zoreillefines

Il y a de cela plus de cinq mille ans, vivait au creux de la vallée du Mothameau caché entre les sombres montagnes de Greaudiquo, le minuscule royaume des Zoreillefines Ces petits lutins velus charmants et peu connus se distinguaient de leurs voisins – les Zieuperçants – par leurs très très grandes oreilles. Bien que tout petits ils avaient vraiment de très, très grandes oreilles Mais ils avaient surtout la réputation d'être incroyablement bavards

2 Toute la ponctuation et les majuscules ont été retirées du texte qui suit. À toi de les retrouver !

il est vrai que chez les Zoreillefines on ne se souciait guère des paroles prononcées on n'en était pas avare ainsi lorsqu'on s'aimait on se le disait volontiers et lorsqu'on ne s'aimait pas on se le disait tout autant en réalité on se racontait tout rien dans ce royaume de lutins ne demeurait caché

D'après Emmanuël Souchier, *Zoreilles Fines,* Éd. Syros, 1991.

1 point pour 2 bonnes réponses. Compte tes points ____ puis colorie les pastilles : ○○○○

Plus de 10 → 4 pastilles	7 à 10 → 3 pastilles	4 à 6 → 2 pastilles	moins de 4 → 1 pastille

11 Qui parle à qui ?

Quelqu'un parle, mais qui parle à qui ? Coche la bonne réponse.

a « Pourriez-vous me faire une petite piqûre au bas de cette robe ? »,

dit
- ❑ le malade à l'infirmière.
- ❑ la petite fille au moustique.
- ❑ la cliente à la couturière.

b « Elles sont à peine en bouton »,

dit
- ❑ le client au pharmacien.
- ❑ le fleuriste au client.
- ❑ la couturière à sa cliente.

c « Cette mauvaise conduite est inadmissible »,

dit
- ❑ le moniteur d'auto-école à son élève.
- ❑ la maîtresse à son élève.
- ❑ le plombier à son client.

d « Il faudra repasser une deuxième couche »,

dit
- ❑ le peintre à son client.
- ❑ la maman à son bébé.
- ❑ ma mère en me bordant le soir.

e « Je vais devoir vous poser une couronne »,

dit
- ❑ le roi à la reine.
- ❑ la reine au roi.
- ❑ le dentiste à son client.

f « Nature ou aux fruits ? »,

dit
- ❑ le jardinier à son collègue.
- ❑ le pommier au pêcher.
- ❑ le crémier à sa cliente qui achète des yaourts.

Compte tes bonnes réponses ____ puis colorie les pastilles : ○○○○

Plus de 4 → 4 pastilles	4 → 3 pastilles	3 → 2 pastilles	moins de 3 → 1 pastille

12 Le mot-outil, oui, mais le bon ! (2)

► **Dans le texte suivant, coche les bons mots-outils.**

a ❑ Dans / ❑ Avec / ❑ Sur l'univers, tous les objets ❑ que / ❑ quand / ❑ qui tournent autour d'un autre portent le nom de satellite.

b La Lune tourne ❑ sous / ❑ autour de / ❑ sur la Terre, c'est ❑ donc / ❑ enfin / ❑ depuis son satellite.

c ❑ À cause des / ❑ Grâce aux / ❑ Malgré les fusées, on envoie ❑ sur / ❑ avec / ❑ dans l'espace des « satellites artificiels » ❑ c'est-à-dire / ❑ c'est dommage / ❑ c'est pourquoi des satellites construits ❑ de / ❑ par / ❑ à l'homme.

d Ces « satellites artificiels » sont ❑ à / ❑ de / ❑ le véritables laboratoires ❑ que / ❑ qui / ❑ quoi tournent ❑ dans / ❑ avec / ❑ sur l'espace.

e Ils tournent autour de la Terre ❑ de / ❑ en / ❑ à décrivant de grands cercles, qu'on appelle orbites.

f Ceux qui restent juste au-dessus de l'atmosphère étudient notre planète ❑ par / ❑ de / ❑ en permanence : ils nous envoient des images ❑ que / ❑ qui / ❑ quoi nous permettent de mieux connaître la Terre.

Compte tes bonnes réponses ____ puis colorie les pastilles : ○○○○

Plus de 11 → 4 pastilles	8 à 11 → 3 pastilles	4 à 7 → 2 pastilles	moins de 4 → 1 pastille

13 Le bon mot est dans la marge ! (1)

Remplace chaque blanc par l'un des deux mots situés de chaque côté du texte. Entoure le mot juste.

Mamie et Virginie au cinéma

Résumé : *Virginie et sa grand-mère vont au cinéma. Le film commence à trois heures précises, mais elles arrivent en retard. Bien qu'il ne reste que des places au premier rang, elles décident quand même de voir le film.*

	La grande salle de l'Impérial est tout en bas des escaliers.	
Vous	_____ les dévalons quatre à quatre.	Nous
	L'ouvreuse déchire nos billets en chuchotant : « Ça a	
suit	commencé il y a quinze secondes. » Elle nous _____	montre
	le chemin avec sa petite lampe. Nous atteignons enfin nos	
	deux fauteuils. Ouf ! Nous nous installons en faisant	
attention	_____ de ne pas gêner les autres spectateurs. C'est la	exprès
	première fois que je suis assise au premier rang dans un	
cirque	_____. On a le nez presque collé à l'écran. Les	cinéma
	personnages sont encore plus grands. Mais il y a aussi un	
inconvénient	_____ : on est obligé de dresser sa tête vers l'arrière	avantage
	pour voir jusqu'en haut de l'écran. Et, au bout d'un	
	moment, c'est très fatigant ! Mamie frotte sa nuque. Mon	
	cou devient tout raide.	
phares	Les _____ se rallument. La projection se termine.	lumières
	Ça a duré une heure et demie. « Tu n'as pas mal au cou,	
veux	Virginie ? » me demande Mamie. « Oh oui ! Je ne _____	peux
	plus bouger. J'ai la tête complètement coincée ! » « Moi	
	aussi ! » répond Mamie « Je ne peux plus faire revenir ma	
	tête en avant ! Ce doit être un torticolis ! » Tout cela est	
	très embêtant car nous sommes obligées de regarder	
en bas	_____ sans arrêt. Ce n'est pas très pratique pour	en l'air
	remonter les escaliers, et dans la rue non plus. Les gens,	
	en nous voyant passer, se demandent s'il y a quelque	
	chose dans le ciel à regarder. Ils penchent la tête en	
faire	arrière, ne voient rien. Ils doivent se _____ qu'on n'est	dire
	pas très bien !	

Tourne la page pour lire la suite du texte…

Compte tes bonnes réponses _____ puis colorie les pastilles : ○○○○

Plus de 7 → 4 pastilles	6 ou 7 → 3 pastilles	4 ou 5 → 2 pastilles	moins de 4 → 1 pastille

14 Le bon mot est dans la marge ! (2)

Mets l'un des deux mots situés de chaque côté du texte à la place qui convient. Entoure le mot juste et trace une barre là où il devrait se trouver.
Le premier mot est donné en exemple.

Mamie et Virginie au cinéma (suite)

petite	« Tu crois que ça guérira ? » « J'espère, ma chérie »,	jolie
	me répond Mamie. Mais conduire la tête comme ça,	
	même à deux kilomètres à l'heure, c'est dangereux ! »	
	À un feu rouge, le gendarme nous regarde avec	
Tristement	des gros yeux. au feu vert, il repart sur sa moto,	Heureusement
	sans dire un mot. Est-ce qu'il croit qu'on s'amuse ?	
	Quand nous arrivons à la maison, maman se met	
parfois	à rire : « Qu'avez-vous à regarder en l'air ?	sans arrêt
	Vous espérez trouver Robin des Bois, caché dans	
du tout	un des platanes du quartier ? » Puis, elle ne rit plus.	du mou
	« Mais, qu'est-ce qu'il vous arrive ? » Mamie est très	
	fatiguée. J'explique à Maman : « Nous sommes	
à l'école	arrivées en retard. Il ne restait que des places	au cinéma
	au premier rang. Et voilà ! À force de regarder vers	
	le haut, nous sommes restées coincées ! Comment	
	on va faire maintenant ? »	
mite	Le médecin, que maman a appelé pour nous	vite
	consulter, dit : « Ce n'est pas grave, elles ont	
	dû attraper un peu froid au cinéma. Il n'y a rien	
elles doivent	de précis à faire : seulement rester une semaine	elles boivent
	au chaud, sans rien faire. Leur cou se remettra	
bonne	en forme. C'est sûr ! »	mauvaise
	En attendant, pendant une semaine, Mamie et moi,	
	on ne pourra plus aller au cinéma. Sauf si on se met	
	au premier rang. Mais ça ferait tout recommencer !	
un nouveau	Nous serions coincées ! On ne guérirait jamais !	à nouveau
	Les gens nous prendraient pour des folles. Alors	
	nous restons à la maison. Quand nous pourrons	
enfin	bouger notre cou, nous irons voir « Tarzan ». Il passe	envie
	au cinéma Impérial. C'est écrit dans le journal.	

D'après Chantal Crovi, « Mamie et moi on va au cinéma »,
in *Mikado* n° 35, sept. 86, D.R.

Compte tes bonnes réponses ____ puis colorie les pastilles : ○○○○

Plus de 7 → 4 pastilles	6 ou 7 → 3 pastilles	4 ou 5 → 2 pastilles	moins de 4 → 1 pastille

je comprends les mots

Chaque mot a son contraire, sauf un. Lequel ?

1 Plusieurs mots pour le dire

▶ **Entoure dans chaque liste le mot qui a le sens le plus proche de celui qui est en couleur.
La première liste est donnée en exemple.**

1	2	3	4
secret	allié	pied	s'évader
amende	**chagrin**	bricole	inactif
grincer	joyeux	**changer**	ficelle
jouer	fiche	cahier	**fuir**
classeur	foin	herbe	palme
s'amuser	nouveau	ancien	panneau
relief	tristesse	rester	collège
chiffon	stylo	varier	rigoler

5	6	7	8
danse	bœuf	pompe	vin
médiocre	route	prendre	utile
plante	neuf	rendre	urgent
crayon	bouleau	rompre	cuisine
mauvais	tiercé	foudre	vain
ouate	**nouveau**	tendre	style
classe	nièce	**oncle**	public
réunion	tondre	tonton	**pressant**

9	10	11	12
château	porc	cahier	**soutien**
maison	**cochon**	**livre**	départ
tulipe	truite	crayon	urgence
lutter	frotter	journal	joie
pistil	faible	bouquin	aide
palais	broc	feuille	pitié
port	flot	trousse	tendresse
porc	fixer	liste	colère

Compte tes bonnes réponses ____ puis colorie les pastilles : ○○○○

Plus de 9 → 4 pastilles	7 à 9 → 3 pastilles	4 à 6 → 2 pastilles	moins de 4 → 1 pastille

2 Jeu-thème

1 À chaque liste correspond un thème. Écris, à la suite de chaque liste, le numéro du thème qui convient. Attention, il y a un thème de trop.

Thèmes

1 habitation
2 peinture
3 cuisine
4 bateau
5 chauffage
6 pêche

a filet - hameçon - barque - moulinet - chalutier - épuisette - bouchon.
Thème nº ____

b poêle - saladier - casserole - batteur - cuillère - four - gazinière - bol.
Thème nº ____

c charbon - cheminée - cuisinière - poêle - radiateur - bois - mazout.
Thème nº ____

d gouache - pinceau - aquarelle - chevalet - toile - cadre.
Thème nº ____

e chalet - immeuble - porte - villa - fenêtre - étage - toiture.
Thème nº ____

2 À chaque thème correspond une liste. Écris, à la suite de chaque liste, le numéro du thème qui convient. Attention, il y a un thème de trop.

Thèmes

1 vacances
2 mer
3 transports
4 fête foraine
5 véhicule
6 train

a train - voiture - avion - billet - bicyclette - moto - métro.
Thème nº ____

b plage - soleil - camping - hôtel - bronzer - randonnée - repos.
Thème nº ____

c autos tamponneuses - avions - barbe à papa - loterie - manège - grande roue.
Thème nº ____

d wagon - T.G.V. - autorail - gare - rails - contrôleur.
Thème nº ____

e sable - vague - écume - thon - huître - sel - corail.
Thème nº ____

Compte tes bonnes réponses ____ puis colorie les pastilles : ○○○○

Plus de 8 → 4 pastilles	6 ou 8 → 3 pastilles	3 à 5 → 2 pastilles	moins de 3 → 1 pastille

3 Les mots-étoiles (1)

1 Au centre de chaque étoile, se trouve le nom d'un animal. Entoure le mot qui désigne une partie de cet animal.
La première étoile est donnée en exemple.

OISEAU : dune, fume, rhume, plume (entouré), prune, lune

LION : pion, tanière, cimetière, colère, crinière, chaumière

POISSON : poivron, soupirail, portail, écaille, écarte, poison

CHAT : griffe, poisson, chaton, chatte, souris, gifle

2 Au centre de chaque étoile, se trouve le nom d'un animal. Entoure le mot qui désigne une partie de cet animal.

SOURIS : plume, gris, petit, rat, queue, bec

SERPENT : patte, plume, poil, langue, griffe, moustache

POULE : poil, poche, dent, nageoire, aile, trompe

VACHE : aile, carapace, plume, corne, bec, crinière

Compte tes bonnes réponses ______ puis colorie les pastilles : ○○○○

Plus de 5 → 4 pastilles	4 ou 5 → 3 pastilles	3 → 2 pastilles	moins de 3 → 1 pastille

4 Les frères ennemis (1)

Dans chaque liste, cherche le contraire du mot écrit en couleur. Entoure ce « frère ennemi ».
La première liste est donnée en exemple.

1	2	3	4
brutal	heureux	pesant	capable
bouillant	envieux	ardent	comptable
spécial	**peureux**	présent	curable
piquant	honteux	agaçant	**innocent**
(glacial)	coûteux	payant	croyable
bruyant	courageux	**absent**	classable
original	affreux	perdant	coupable

5	6	7	8
ville	sachet	**sombre**	dru
vider	souche	craie	dune
vigne	**humide**	chair	dur
vingt	sac	clair	pur
vide	sèche	croire	sur
viser	sept	clan	**tendre**
plein	sève	chaise	mur

9	10	11	12
bras	fille	gant	**joyeux**
haut	frange	**petit**	gai
brasse	agile	grange	peureux
base	**solide**	gérant	grave
bal	habile	grand	cher
bac	argile	garde	fort
bas	fragile	grade	triste

Compte tes bonnes réponses ____ puis colorie les pastilles : ○○○○

Plus de 9 → 4 pastilles	7 à 9 → 3 pastilles	4 à 6 → 2 pastilles	moins de 4 → 1 pastille

5 Un mot peut en remplacer un autre (1)

Remplace le mot souligné dans le texte par l'un des deux mots placés dans la marge. Entoure le mot qui convient.
Le premier mot est donné en exemple.

L'explosion du Vésuve

	Ce 24 août 79	
	Ce matin-là, il fait chaud…	
(d'avant)	La semaine précédente, la terre a tremblé. Juste un	d'après
	frémissement, accompagné de quelques grondements	
	sourds en provenance du Vésuve, le volcan	
s'oppose	qui se dresse à une vingtaine de kilomètres de Pompéi.	s'élève
disposés	Mais les gens du pays ne sont pas inquiets : « Le sol	alarmés
	bouge souvent par ici, vous n'avez rien à craindre. »	
auprès de	Pourtant, au cours de cette journée, le Vésuve,	pendant
	endormi depuis plus de huit siècles, devait s'éveiller.	
	L'explosion du Vésuve	
lourd	Le soleil tombe à pic sur la ville. L'air est pesant,	gros
lointain	immobile. Soudain, un craquement assourdissant	fracassant
	retentit. Comme si le globe terrestre s'était ouvert	
	en deux.	
	Ce n'est pas le globe terrestre qui explose,	
de courir	mais le Vésuve : son sommet vient de sauter	d'exploser
	comme un bouchon de champagne. Quelques passants	
étonnés	se sont tournés vers le volcan ; stupéfaits, ils voient	satisfaits
	sa silhouette changer rapidement : le haut du cratère,	
	jusque-là arrondi, s'est cassé en quelques secondes.	
parfois	Il apparaît désormais déchiré, fissuré, éclaté. Il s'en	maintenant
	échappe d'énormes blocs de lave ancienne.	
brûlants	D'immenses jets incandescents s'élèvent dans le ciel,	amusants
	tandis qu'une gigantesque colonne de cendres forme	
	un champignon monstrueux…	
secouent	Et voici que de nouvelles explosions ébranlent	éteignent
	la montagne. Un bouillonnement de laves rougeoyantes	
	dégringole les pentes.	
	Dans le ciel, le nuage s'étend toujours, prenant la forme	
bateaux	d'un parasol. Il se divise en une multitude de rameaux	branches
	qui retombent lentement vers la terre.	
	Le nuage devient si grand qu'il cache le soleil.	
éclairée	C'est comme la nuit sur le monde, une nuit illuminée	explosée
	seulement par les flots de lave du Vésuve.	

La fin d'une ville

	En quelques heures, le volcan va recouvrir la ville	
mère	de Pompéi et la cité d'Herculanum, sa voisine. Bien	ville
	peu d'habitants pourront échapper aux coulées de lave,	
	aux pluies de cendres, aux bombes volcaniques ou	
sortent	aux gaz qui s'échappent du cratère.	s'enfuient
morts	Ce jour-là, le volcan a fait environ 2 000 victimes	habitants
	dans la ville de Pompéi. Mais si une telle éruption devait	
	se produire aujourd'hui, elle serait dix fois plus	
	meurtrière. En effet, la population qui habite sur	
célèbre	les pentes du volcan est beaucoup plus importante.	nombreuse

D'après Monique Amiel, *Pompéi, une cité retrouvée,* Éd. Nathan, 1984.

Compte tes bonnes réponses ____ puis colorie les pastilles : ◯◯◯◯

Plus de 13 → 4 pastilles	9 à 13 → 3 pastilles	4 à 8 → 2 pastilles	moins de 4 → 1 pastille

Jeux

1 Charade

Mon premier est synonyme de garçon.
On gagne mon second en jouant à une loterie.
Mon troisième est indispensable pour faire une tartine.
Mon tout est le contraire d'un enfant sage.

Retourne ton cahier pour lire la réponse en bas de la page.

2 Jeux de mots

Attention, il ne faut pas confondre !

1. Les dents de la bouche et les bancs de la douche.

2. Une tache sur la voiture et une vache sur la t__________

3. Un chat sous un rameau et un rat sous un ch__________

4. Un gras matelot et un gros m__________

5. Un chevreuil en photo et un f__________ en chevreau.

D'après Joël Martin, *La Vie des mots - L'Ami des veaux*, © Albin Michel Jeunesse.

Retourne ton cahier pour lire la réponse en bas de la page.

3 Petite fabrique de mots nouveaux

Lis ce drôle de mot : *crocodile* + *diligence* = crocodiligence.
Voici une définition pour ce nouveau mot :
une crocodiligence : moyen de transport sur les fleuves africains.

À toi de jouer maintenant. Voici quelques idées.
Kangourou + roulotte - hippopotame + tam-tam - cheval + valise - serpent + pantoufle - canari + rigolo.

Réponses : 1. un galopin (gars - lot - pain).
2. 2. toiture, 3. chameau, 4. matelas, 5. fauteuil.

6 Les demi-frères

1 Trouve les mots qui ont presque le même sens dans les listes 1 et 2. Entoure-les.
Les deux premiers « demi-frères » sont donnés en exemple.

	1	2
a	manger - dormir - (jouer) - chanter - boire - tricher.	parler - rire - marcher - regarder - (s'amuser) - bouder.
b	mon ami - ma voiture - mon chalet - mon autobus - ma chemise - ma mobylette.	mon livre - ma cousine - mon chat - mon automobile - ma robe - mon vélo.
c	le guidon - les pédales - le vélo - la selle - le porte-bagages.	la bicyclette - le cadre - la chaîne - la sonnette - les freins.
d	un plombier - un électricien - un instituteur - un boulanger - un pâtissier - un balayeur.	un menuisier - un maçon - une épicière - un boucher - un maître - un ingénieur.
e	la neige - l'orage - le vent - la grêle - la giboulée - un baromètre.	du verglas - l'averse - le brouillard - mon imperméable - la météo - un nuage.

2 Trouve les expressions qui ont presque le même sens dans les listes 1 et 2. Entoure-les.

	1	2
a	une jolie maison - un beau village - une grande fille - une agréable promenade - une grosse bête.	un enfant affectueux - une villa immense - un animal énorme - un exercice facile - une pluie battante.
b	dans une heure - dans un livre - dans l'école - dans la rue.	dehors - là-bas - demain - déjà - des fois.
c	chaque année - chaque jour - chaque enfant - chaque fois - chaque instant.	tous les dimanches - toute la nuit - tous les ans - tous les samedis - toute la famille.
d	à midi - à Paris - à l'école - à pied - à cheval - à mi-chemin.	en voiture - en course - en avion - en classe - en train - en route !
e	c'est compliqué - c'est joli - c'est raté - c'est dommage - c'est haut.	c'est fatigant - c'est agaçant - c'est formidable - c'est difficile - c'est fini.

1 point par série. Compte tes points ______ puis colorie les pastilles : ○○○○

Plus de 7 → 4 pastilles	6 ou 7 → 3 pastilles	4 ou 5 → 2 pastilles	moins de 4 → 1 pastille

7 La valse des étiquettes

1 Dans chaque liste, il y a un mot-étiquette qui résume tous les autres. Entoure-le comme dans l'exemple.

1	2	3	4	5
broche	glace	mouche	rosbif	tennis
bague	gâteau	moustique	escalope	marelle
collier	crème	scarabée	rôti	jeux
bijou	fruit	abeille	viande	billes
bracelet	tarte	insecte	jambon	saute-mouton
médaille	dessert	guêpe	poulet	échecs
gourmette	flan	criquet	bifteck	chat-perché

2 Dans chaque liste, il y a un mot-étiquette et un intrus. Entoure le mot-étiquette et barre l'intrus.
La première liste est donnée en exemple.

1 un navire - une péniche - la pirogue - une barque - le voilier - le bateau - le chalutier - ~~le cratère~~ - le canoë.

2 un piano - un violon - la mer - une flûte - le tambour - un instrument - l'accordéon - la trompette - l'orgue - le saxophone.

3 un médecin - un charcutier - le maçon - la maison - le plombier - un volcanologue - l'épicier - le menuisier - un métier - mon instituteur - le facteur.

4 le fleuve - la rivière - le lac - la mare - l'eau - la mer - l'océan - le ruisseau - le torrent - les cendres - le canal.

5 la pluie - le temps - la neige - l'orage - la grêle - le vent - l'averse - la tempête - le voyageur - la giboulée.

1 point par liste. Compte tes points ____ puis colorie les pastilles : ○○○○

Plus de 6 → 4 pastilles	5 ou 6 → 3 pastilles	3 ou 4 → 2 pastilles	moins de 3 → 1 pastille

Corrigés

Objectif 1

Je m'entraîne à bien voir

Page 8 - Les mots mêlés (1)

Mots à entourer

Page 9 - La course aux jumeaux (1)

Mots à entourer

Série a : **cerise** apparaît 3 fois.
Série b : **navet** apparaît 3 fois.
Série c : **chou** apparaît 4 fois.
Série d : **poule** apparaît 3 fois.
Série e : **asticot** apparaît 4 fois.
Série f : **colombe** apparaît 3 fois.

Pages 10-11 - Le texte fléché (1)

Mots à entourer

forains, escalier, pyjama, persiennes, pendant, quatre, dégringole.

Page 12 - L'intrus

❶ *Mots à entourer*
a : courrier ; b : travailler ; c : invisible ; d : jambe ; e : étrange ; f : café ; g : dure ; h : statue ; i : blonde ; j : rue.

❷ *Mots à entourer*
a : malin ; b : chat ; c : attendrir ; d : lunettes ; e : poser ; f : addition ; g : haine ; h : gentiment ; i : deux ; j : feuille.

Page 13 - Des intrus dans l'ordre alphabétique

❶ *Mots à barrer*
a : locataire.
b : câlin.
c : automatique.
d : intéressant.
e : transporteur.
f : classeur.

❷ *Mots à barrer*
a : cascadeur, querelle.
b : lettre, noix, phare.
c : exact.
d : miche.
e : natif, naufrage.
f : poteau, potiron.

Page 14 - La liste alphabétique (1)

Mots à barrer

après, besoin, choisir, connaître, continuellement, deux, devoir, empêcher, facile, humide, il, jour, lieu, mauvais, nuit, œil, paupière, poisson, pour, quand, rideau, rôle, tout, vivre.

Page 16 - Les mots mêlés (2)

Mots à entourer

Page 17 - La course aux jumeaux (2)

❶ *Mots à souligner et listes à entourer*
Mots : dentiste, écrire, fraction, guide.
Listes : c, h, i.

❷ *Mots à souligner et listes à entourer*
Mots : quille, sauce, thon, union, verger, zéro.
Listes : a, b, d, j.

Page 18 - Le texte fléché (2)

Phrases à barrer

a, c, d, e.

Page 19 - Les mots à l'eau

Mots à entourer

Expériences amusantes sur l'(eau)
[...] : regardez une goutte d'(eau) qui tombe ou qui roule sur une (surface) (imperméable). [...] C'est que la (surface) de l'(eau) [...]. Cette force agit comme si l'(eau) était recouverte [...].

L'(aiguille) flottante
[...]
Matériel : une cuvette, une fourchette, une (aiguille).

1. Remplissez la cuvette d'(eau) claire.

2. Posez l'(aiguille) sur la fourchette que vous plongerez très lentement dans l'(eau). Si vous ne faites pas de gestes brusques, l'(aiguille) restera à la (surface) où elle flottera. [...]
La (surface) de l'(eau) est rompue par la fourchette, mais elle se reforme aussitôt sous l'(aiguille). Cette (« membrane ») retient donc l'(aiguille) [...] Vous pouvez même voir la (surface) de l'(eau) « plier » sous le poids de l'(aiguille).

L'(eau) ne passe pas
Un simple mouchoir peut être (imperméable). [...]

1. Prenez un pot plein d'(eau) et un mouchoir mouillé. [...]
Or, la tension superficielle agit comme une (« membrane ») qui empêche l'(eau) de passer à travers les trous. C'est le même phénomène qui rend (imperméable) le tissu des parapluies.

Page 20 - Les phrases masquées

❶ *Phrases identiques à retrouver*
a et d ; b et f ; c et h ; e et i.

❷ *Phrases identiques à retrouver*
a et i ; b et h ; c et f ; d et g.

Page 21 - La liste alphabétique (2)

❶ *Mots à entourer*
reptiles, serpents, chaleur, époque, grands, nid, traces, vitesse, oiseaux, attendu.

❷ *Ordre des mots à ranger*
attendre, chaleur, époque, grand, nid, oiseau, reptile, serpent, trace, vitesse.

Page 22 - La liste alphabétique (3)

Liste alphabétique à compléter

accrocher	dynamite	**marin**	**refuser**
algue	**espèce**	mer	**seul**
ami	**être**	**mollusque**	souper
avoir	**feuille**	**nourrir**	**terrestre**
bavoir	gâteau	**nourriture**	ustensile
carnivore	hibou	ouvrier	**végétarien**
chaud	ingénieur	poussière	wapiti
constituer	**jardinier**	**pouvoir**	xylophone
cousin	koala	quand	yéti
dans	**limace**	refouler	zoo

Objectif 2

Je m'entraîne à prévoir

Page 24 - Un mariage rapide

❶ *Numéros à écrire*
b-1 : de la salade verte.
c-6 : une élève sage.
d-5 : de l'eau gazeuse.
e-4 : des chaussures cirées.
f-8 : un volet fermé.
g-2 : du linge repassé.
h-7 : du pain croustillant.

❷ *Numéros à écrire*
b-2 : une serviette de table.
c-4 : un collier de perles.

d-7 : une paire de gants.
e-8 : un fauteuil de cuir.
f-1 : une leçon de français.
g-6 : un crayon de couleur.
h-3 : une purée de pommes de terre.

Page 25 - Les mots en balance (1)

Mots à cocher

a : soir.
b : compliqué.
c : résistant.
d : tôt.
e : fleur.
f : légume.
g : plume.
h : boîte à outils.
i : page.
j : poil.

Page 26 - Les mots pirates

❶ *Mots à barrer*
b : branche.
c : les marrons.
d : de papier, mais surtout.
e : s'assemble.

❷ *Mots à barrer*
a : poids.
b : perdue ; toujours.
c : de tente.
d : blanche ; deux.

Page 27 - Qui dit quoi ?

❶ *Fins à cocher*
a : dit le médecin.
b : dit le journaliste.
c : dit le boucher.
d : dit le propriétaire.

❷ *Fins à cocher*
a : dans la tour Eiffel.
b : au 1er étage de la tour Eiffel.
c : au sommet de la tour Eiffel.

Page 28 - Le mot-outil, oui, mais le bon ! (1)

❶ *Mots à cocher*
b : pourquoi ; c : mais ; d : pourtant ;
e : pour ; f : depuis que, car ; g : après, pour.

Page 29 - Les mots échappés

❶ *Numéros à placer*
[...] son chat **/1** dans un petit appartement **/4** sans balcon [...].
[...] après s'être habillée, **/2** elle emmène [...].

❷ *Numéros à placer*

Tartine au beurre de chocolat
Râper deux carrés de chocolat **/2**. Mélanger avec deux cuillères **/1** de beurre **/4**. Tartiner sur du pain **/3**.

Tartine aux noix, gruyère et endives
Beurrer une grande tartine de pain. Y poser quelques lamelles de gruyère, deux noix **/6** coupées en morceaux ainsi qu'une **/7** feuille d'endive **/5**.

Page 31 - La suite logique

❶ *Expressions à reconstituer*
b-5 : une fraise des bois.
c-8 : une carafe d'eau.
d-6 : une bobine de fil.
e-4 : une lampe de poche.
f-7 : une tempête de neige.
g-3 : un cahier d'exercices.
h-1 : une cour de récréation.

❷ *Expressions à reconstituer*
b-A-3 : Je donne ma langue au chat.
c-F-2 : Il fait un froid de canard.
d-C-1 : Il est malin comme un singe.
e-D-6 : Elle est têtue comme une mule.
f-G-4 : Il a une tête de cochon.
g-B-5 : Il verse des larmes de crocodile.

Page 32 - Les mots en balance (2)

Mots à cocher

a : écaille.
b : poisson.
c : chapeau.
d : tasse.
e : fourchettes.
f : campagne.
g : bois.
h : sucre.
i : manger.
j : regarder.

Page 33 - Une recette à la noix !

Mots à souligner et numéros à placer

Le gâteau aux poires
peur (1) ; coudre (7).
a : écorcher (14).
b : sud (11), fourche (5), la mésange (2).
c : peur à peur (9), voiture (4).
d : moulin (6).
e : boire (15), secouer (13).
f : luire (10), dour foux (3), dérouler (8).

Page 34 - Où mettre le bon point ?

❶ *Texte à ponctuer*

Le royaume des Zoreillefines
Il y a de cela plus de cinq mille ans, vivait au creux de la vallée de Mothameau, caché entre les sombres montagnes de Greaudiquo, le minuscule royaume des Zoreillefines. Ces petits lutins velus, charmants et peu connus, se distinguaient de leurs voisins – les Zieuperçants – par leurs très, très grandes oreilles. Bien que tout petits, ils avaient vraiment de très, très grandes oreilles. Mais ils avaient surtout la réputation d'être incroyablement bavards !

❷ *Texte à ponctuer*

Voici la ponctuation de l'auteur. Si tu as trouvé d'autres solutions, discutes-en avec tes camarades.

Il est vrai que, chez les Zoreillefines, on ne se souciait guère des paroles prononcées, on n'en était pas avare. Ainsi, lorsqu'on s'aimait, on se le disait volontiers. Et lorsqu'on ne s'aimait pas, on se le disait tout autant. En réalité, on se racontait tout. Rien, dans ce royaume de lutins, ne demeurait caché.

Page 35 - Qui parle à qui ?

Phrases à cocher

a : dit la cliente à la couturière.
b : dit le fleuriste au client.
c : dit la maîtresse à son élève.
d : dit le peintre à son client.
e : dit le dentiste à son client.
f : dit le crémier à sa cliente qui achète des yaourts.

Page 36 - Le mot-outil, oui, mais le bon ! (2)

Mots à cocher

a : Dans - qui ; b : autour de - donc ;
c : Grâce aux - dans - c'est-à-dire - par ;
d : de - qui - dans ; e : en ; f : en - qui.

Page 37 - Le bon mot est dans la marge ! (1)

Mots à entourer

Nous, montre, attention, cinéma, inconvénient, lumières, peux, en l'air, dire.

Page 38 - Le bon mot est dans la marge ! (2)

Mots à entourer et à placer

Heureusement	| au feu vert
sans arrêt	Qu'avez-vous à regarder | en l'air ?
du tout	Puis, elle ne rit plus | .
au cinéma	arrivées en retard | . Il ne restait
vite	Le médecin, que maman a | appelé pour nous
elles doivent	de précis à faire : seulement | rester une semaine
bonne	en | forme. C'est sûr ! »
à nouveau	Nous serions | coincées ! On ne guérirait jamais !
enfin	| bouger notre cou, nous irons voir « Tarzan ».

Objectif 3

Je comprends les mots

Page 40 - Plusieurs mots pour le dire

Mots à entourer

2 : tristesse.
3 : varier.
4 : s'évader.
5 : médiocre.
6 : neuf.
7 : tonton.
8 : urgent.
9 : palais.
10 : porc.
11 : bouquin.
12 : aide.

Page 41 - Jeu-thème

❶ *Numéros à écrire*
Thèmes : a-6, b-3, c-5, d-2, e-1.

❷ *Numéros à écrire*
Thèmes : a-3, b-1, c-4, d-6, e-2.

Page 42 - Les mots-étoiles (1)

❶ *Mots à entourer*
lion → crinière
poisson → écaille
chat → griffe

❷ *Mots à entourer*
souris → queue
serpent → langue
poule → aile
vache → corne

Page 43 - Les frères ennemis (1)

Mots à entourer

2 : courageux.
3 : présent.
4 : coupable.
5 : vide.
6 : sèche.
7 : clair.
8 : dur.
9 : bas.
10 : fragile.
11 : grand.
12 : triste.

Pages 44-45 - Un mot peut en remplacer un autre (1)

Mots à entourer

s'élève, alarmés, pendant, lourd, fracassant, d'exploser, étonnés, maintenant, brûlants, secouent, branches, éclairée, ville, sortent, morts, nombreuse.

Page 47 - Les demi-frères

❶ *Mots à entourer*
b : ma voiture ; mon automobile.
c : le vélo ; la bicyclette.
d : un instituteur ; un maître.
e : la giboulée ; l'averse.

❷ *Mots à entourer*
a : une grosse bête ; un animal énorme.
b : dans la rue ; dehors.
c : chaque année ; tous les ans.
d : à l'école ; en classe.
e : c'est compliqué ; c'est difficile.

Page 48 - La valse des étiquettes

❶ *Mots à entourer*
2 : dessert ; 3 : insecte ; 4 : viande ; 5 : jeux.

❷ *Mots à entourer et mots à barrer.*

	entourer	**barrer**
2 :	un instrument	la mer
3 :	un métier	la maison
4 :	l'eau	les cendres
5 :	le temps	le voyageur

Page 49 - Les mots-étoiles (2)

❶ *Mots à entourer*
lune → nuit
étoile → brille
glace → froid

❷ *Mots à entourer*
soleil → rayon
lune → croissant
étoile → danseuse
glace → vanille

Pages 50-51 - Les frères ennemis (2)

Mots à souligner

regretté, poids, veut, commencez, d'oublier, vides, tard, redoutable, bon, la mordre, m'éclipse, d'une poigne vigoureuse, pris de panique, un peu, viens, content, partir, dommage, désolée, mou.

Page 52 - Un mot peut en remplacer un autre (2)

Mots à entourer

gesticuler, amusant, manquer, Ensuite, constaté, singeries, coin, distraire, punir.

Objectif 4

J'exerce ma mémoire

Page 54-55 - La bonne série (1)

Séries à entourer

Série a : dessin 2.
Série b : dessin 3.
Série c : dessin 3.
Série d : dessin 1.
Série e : dessin 3.
Série f : dessin 2.
Série g : dessin 3.
Série h : dessin 1.

Page 56-57 - Les phrases en mémoire (1)

❶ *Phrases à cocher*
a : phrase 2.
b : phrase 1.
c : phrase 3.
d : phrase 3.

❷ Compare ton texte et celui de la page 56.

Page 58-59 - Le sens en mémoire

❶ *Réponses à cocher*
a : le même sens ;
b : le même sens ;
c : le même sens ;
d : pas le même sens ;
e : pas le même sens.

❷ *Réponses à cocher*
a : pas le même sens ;
b : pas le même sens ;
c : le même sens ;
d : le même sens ;
e : pas le même sens.

Pages 61-62 - La bonne série (2)

❶ Compare ce que tu as écrit et les séries d'origine, page 61.

❷ Compare ce que tu as écrit et les séries d'origine, page 61.

Pages 63-64 - Les phrases en mémoire (2)

❶ *Phrases à cocher et séries à entourer*
Coche dans les séries a, c et e la phrase 3.
Entoure les séries b et d.

❷ *Phrases à cocher et séries à entourer*
Coche : série a - phrase 2 ;
série c - phrase 3 ; série d - phrase 1.
Entoure : séries b et e.

Page 65-66 - Chaque chose à sa place

❶ *Phrases à compléter*
a : Sous le lit il y a **une valise**.
b : La chaise se trouve entre **le lit** et **la commode**.
c : Il y a un réveil sur **la commode**.
d : L'ours est posé **sur la table de nuit**.
e : Sur le lit, il y a **une raquette de tennis**.
f : **Le cahier** est sur la chaise.
g : Les **patins à roulettes** sont à côté de la commode.

❷ *Phrases à compléter*
a : Sur ce tableau, on voit deux animaux : **un chien** et **un chat**.
b : L'homme tient **une miche de pain** dans ses mains.
c : L'une des femmes tient **un verre** et **une cruche** (ou un **pot**) dans ses mains.
d : L'un des enfants joue **de la flûte**.
e : Dans le coin droit du tableau, par terre, il y a **un panier**.
f : Dans le coin gauche du tableau, par terre, il y a **un chien** et **un bâton**.
g : **L'homme** porte un chapeau.

Objectif 5

Je lis pour chercher des informations

Page 68-69 - L'information est dans la phrase

a : phrases n° 13 et 14.
b : phrases n° 4 et 5.
c : phrases n° 9 et 10.
d : phrases n° 1, 3 et 12.
e : phrase n° 3.
f : phrase n° 13.
g : phrase n° 8.
h : phrase n° 5.
i : phrases n° 11 et 14.
j : phrase n° 2.

Page 70-71 - La page de magazine

❶ *Tableau à compléter*

Nom du jouet	**Prix**
Les clowns de poche	*48* F
Le circuit pour billes	*145* F
Le singe savant	*460* F
Les premiers rollers	210 F
L'épée + le bouclier en bois	*260* F
Le verger	252 F

❷ *Réponses à cocher*

Nom du magasin	**Adresse**
a : Il était une fois	1, rue Cassette (Paris).
b : Pain d'Épices	29, passage Jouffroy (Paris).
c : Le Dauphin voyageur	163, rue de Rennes (Paris).

❸ *Noms à trouver*

a : la voiture télécommandée.
b : les balles de jonglage.
c : les marionnettes à main.
d : la maison de briques.

Page 72-73 - Le programme de télévision

Réponses à cocher

a : 17 h 45, 18 h 20, 20 h 05.
b : 16 h 55.
c : un documentaire.
d : l'après-midi ; après 16 h.
e : *Une nounou d'enfer.*
f : 8 h 25.
g : TF1 après 16 h ; France 3 après 20 h 30.
h : *Caliméro ; Pif et Hercule.*
i : un téléfilm.
j : après.

Page 74 - À la recherche du bon matériel

Tableau à compléter

– **Le cosmo-robot** a besoin de bouchons, d'agrafes, de carton et d'une boîte à œufs.
– **L'héroïne cosmique** a besoin de tissu, de feutrine, d'agrafes et de carton.

Page 76-77 - L'information est dans le texte

Réponses à écrire

a : lignes 6 à 8.
b : lignes 9, 13 et 14.
c : le tyrannosaure.
d : le brachiosaure.
e : en nageant.
f : ces reptiles géants vivaient sur terre 100 millions d'années avant que l'homme n'apparaisse !
g : à la vitesse d'un cheval au galop.
h : on ne connaît pas exactement les raisons de leur disparition (lignes 19-20).

Page 78-79 - Le tarif de la Poste

Réponses à cocher

a : en France.
b : de lettres et de colis.
c : non.
d : oui.
e : un colis « Prêt-à-Poster ».
f : 4
g : 4,50 F.
h : plus petits que les n° 4.
i : 59,00 F.
j : 24,00 F.

Page 80-81 - Les fleurs de montagne

Réponses à cocher

a : faux ; b : faux ; c : vrai ; d : vrai ; e : faux ; f : vrai ; g : faux ; h : vrai ; i : faux ; j : vrai.

Page 82 - À la recherche des bons ingrédients

Tableau à compléter

Pain fourré au fromage : baguette, noix, endive, beurre, gruyère.
Pain fourré charcutier : baguette viennoise, beurre, jambon, saucisson, cornichon.
Pain fourré hawaïen : pain au lait, mayonnaise, jambon, ananas.

Objectif 6

Je m'entraîne à résumer

Page 84 - La juste légende

Légendes à cocher

a : À l'aide du crochet, fais passer l'élastique dans le trou de la bobine.

b : Pour vider le fer, placez-le la tête en bas, et laissez s'écouler l'eau.
c : Verser la poudre dans un demi-verre d'eau puis remuer.
d : Debout dos au mur, accroupis-toi sans que le dos décolle du mur.
e : Faire un trou dans un angle, en bas du pot de yaourt.

Page 85 - Le mot mystère

Réponses à cocher

a : Le nafoubognon est un vélo.
b : Le vianopérèque est un piano.
c : Le marcocantrope est un taureau.
d : Les mitérondolos sont des lacs.

Page 86 - Mais quelle était la question ?

Questions à cocher

a : Quelle est la planète la plus grosse ?
b : Quelle température fait-il sur Mercure ?
c : Existe-t-il d'autres lunes dans le ciel ?
d : Y a-t-il des étoiles inconnues ?
e : Existe-t-il d'autres êtres vivants dans l'Univers ?

Pages 87-88 - Résumons-nous ! (1)

Titres à cocher
Le rêve devient un cauchemar.
Crip retourne au magasin.
Le cadeau de Mamie Julia.
Tout s'arrange.

Page 89 - L'information du jour

Réponses à cocher

a : La jeune femme a battu un record de natation.
b : Près de Chambéry, une maison a été détruite par le feu.
c : Mme Rodin offre une récompense à qui lui ramènera la chatte qu'elle a perdue (tél. : 03.86.34.02.38).
d : M. Jeannot a eu un malaise sur son tracteur.
e : Le président de la République a inauguré une école à Château-Chinon.

Page 90 - Les petites annonces

Annonces à trouver

a : petite annonce n° 6.
b : petite annonce n° 11.
c : petite annonce n° 14.
d : petite annonce n° 16.
e : petite annonce n° 10.

Pages 92-93 - Le juste dessin

Dessins à cocher

a-1 ; b-2 ; c-3 ; d-2 ; e-2.

Page 94 - Vous m'avez posé une question ?

Phrases à cocher

a : Que va-t-il se passer à Châteaulin le 13 juillet ?
b : La construction du terrain de golf de Métabel a-t-elle commencé ?
c : Quels jours et à quelle heure peut-on aller au lac Bleu ?
d : Y a-t-il des appartements à vendre à la Résidence du Creux-de-l'Ours ?
e : Quel temps fera-t-il ce week-end ?

Page 95 - Mais où est donc la réponse ?

Questions et réponses à faire correspondre

a-7 ; b-6 ; c-3 ; d-5 ; e-1 ; f-4 ; g-2.

Page 96 - Résumons-nous ! (2)

Mots à entourer
animal, veulent, son anniversaire, Hélas, casser, Furieux, le Ménage, Mamie Julia, chaton.

8 Les mots-étoiles (2)

1 Entoure le mot qui a le lien le plus étroit avec celui situé au centre de l'étoile.
La première étoile est donnée en exemple.

pour
lourd — cour
SOLEIL
tour — sourd
jour

nuit
lui — fuit
LUNE
suie — bruit
cuit

grille
brille — vrille
ÉTOILE
pille — quille
lentille

fort
long — chaud
GLACE
court — froid
sec

2 Entoure le mot qui a le lien le plus étroit avec celui situé au centre de l'étoile. Cette fois, fais bien attention à tous les sens des mots.

canon
crayon — camion
SOLEIL
rayon — radio
avion

glace
chocolat — biscuit
LUNE
pain — gâteau
croissant

danseuse
scène — ballet
ÉTOILE
tutus — coulisses
répétition

piment
sel — poivre
GLACE
persil — ketchup
vanille

Compte tes bonnes réponses ____ puis colorie les pastilles : ○○○○

Plus de 5 → 4 pastilles	4 ou 5 → 3 pastilles	3 → 2 pastilles	moins de 3 → 1 pastille

9 Les frères ennemis (2)

Souligne, dans le texte, le mot ou groupe de mots qui signifie le contraire de celui qui est dans la marge.
Le premier mot est donné en exemple.

Le cake au savon

Résumé : *Mathieu est invité à un goûter d'anniversaire par Moulinet, un garçon de sa classe qu'il n'aime pas trop. Il accepte, surtout par gourmandise ! Nous le retrouvons en bien mauvaise posture, alors qu'il a déjà avalé de nombreux sandwichs, gâteaux et autres glaces.*

infect	Tout était excellent, à part le cake qui avait un goût
apprécié	de savon ; j'ai bien regretté d'en avoir pris une si grosse
	tranche et quand j'en suis venu à bout, enfin, j'avais
creux	un drôle de poids sur l'estomac.
	– Tu viens, Mathieu ? m'a demandé Moulinet, ma sœur
refuse	Valentine veut qu'on joue à cache-tampon !
finissez	– Très bien, mais commencez sans moi, ai-je répondu
	mollement.
	Et je vais m'asseoir sur un divan, à l'écart, pour essayer
de retrouver	d'oublier le goût du cake. Survient la mère de Moulinet.
	Elle m'aperçoit, s'arrête.
	– Qu'est-ce que vous faites là, tout seul ? Dépêchez-vous
pleins	d'aller goûter, voyons, avant que tous les plats soient vides !
	– Euh euh, Madame, c'est-à-dire que…
	– Suivez-moi.
tôt	Quelques instants plus tard, j'étais attablé devant une part
merveilleux	de tarte, quatre sandwichs, et le cake, le redoutable cake
	au savon… Comment refuser ? Je fourrais les morceaux
	dans ma bouche en essayant de les avaler d'un seul coup :
	peine perdue, j'avais l'impression de déguster une savonnette !
mauvais	– C'est bon ? Cela vous plaît ? me répétait la dame en souriant.
	– Oh oui, Madame !
l'embrasser	Vrai, j'aurais voulu la mordre !… Enfin, enfin, j'arrive à avoir
reviens	raison du cake, et, suffoquant, pris de nausées, je m'éclipse
	avec un « merci » indistinct. Ah, voici une porte, un couloir
	sombre…
	– Eh là, vous vous trompez, c'est la cuisine par ici !
	La tante !… J'esquisse un geste de recul, mais elle me saisit
avec douceur	par le bras, d'une poigne vigoureuse.
	– Vous cherchez le buffet, sans doute ? Attendez, je vais
	vous y conduire.

rassuré
beaucoup
restes
fâché
revenir
bonheur
ravie
dur

Au buffet ? encore ? Je me sens pris de panique.
– Non, non, dis-je d'une voix étranglée, je voulais seulement…
– Boire un jus de fruits ? Manger quelques friandises ? Je crains que nos gourmands n'aient pas laissé grand-chose, mais il doit cependant rester un peu de cake. Nous allons voir ça.
Elle me poussait, bon gré mal gré, vers la porte, lorsque Moulinet surgit derrière nous.
– Où étais-tu donc passé ? On va jouer aux charades, tu viens ?
Jamais je n'avais été aussi content de le voir, ce brave Moulinet ! La tante a bien essayé de reparler du cake, mais nous avions déjà regagné la grande salle où le nouveau jeu battait son plein.
Dès que j'ai pu, j'ai essayé de partir, ulcéré, secoué de hoquets, envoyant la petite fête à tous les diables, et j'allais atteindre le palier, enfin, lorsque quelqu'un m'agrippe par l'épaule. Et qui était-ce, sinon la tante de Moulinet ?
– Vous nous quittez sans avoir fait honneur au buffet ? Quel dommage ! me dit-elle en me tapotant le cou. Je suis désolée, vraiment, mais je ne voudrais pas que… Tenez prenez au moins ceci.
Elle me tend un assez gros paquet mou, informe, met un doigt sur ses lèvres, et disparaît.
Et qu'y avait-il dans le paquet, je vous le donne en mille ?

D'après Colette Vivier, *La Nuit des surprises*, D.R.

1 point pour 2 mots. Compte tes points ____ puis colorie les pastilles : ○○○○

Plus de 8 → 4 pastilles	6 à 8 → 3 pastilles	3 à 5 → 2 pastilles	moins de 3 → 1 pastille

10 Un mot peut en remplacer un autre (2)

Entoure le mot de la marge qui a le même sens que le mot (ou l'expression) souligné dans le texte.
Le premier mot est donné en exemple.

Le code secret

Geoffroy propose de faire à ses camarades un message avec un code secret…

le maître	Pendant que la maîtresse écrivait sur le tableau,	l'institutrice
	on s'est tous tournés vers Geoffroy, et on a attendu	
	qu'il commence le message.	
gesticuler	Alors Geoffroy s'est mis à faire des gestes ; je dois dire	réciter
	que ce n'était pas facile de le comprendre, parce qu'il	
	allait vite, et puis il s'arrêtait pour écrire dans son cahier,	
	et puis comme on le regardait, il se mettait à faire	
amusant	des gestes, et il était rigolo, là, à se mettre les doigts	agaçant
	dans les oreilles et à se donner des tapes sur la tête.	
	Il était drôlement long, le message de Geoffroy,	
marquer	et c'était embêtant, parce qu'on avait peur de rater	manquer
	des lettres du message et de plus rien comprendre ;	
	alors on était obligés de regarder tout le temps Geoffroy,	
	qui était assis derrière, au fond de la classe.	
Mais	Et puis Geoffroy a fait « i » en se grattant la tête, « t »	Ensuite
	en tirant la langue, il a ouvert de grands yeux,	
constaté	il s'est arrêté, on s'est tous retournés et on a vu	souvenu
	que la maîtresse n'écrivait plus, elle le regardait.	
	– Oui, Geoffroy, a dit la maîtresse. Je suis comme	
singeries	vos camarades : je vous regarde faire vos pitreries.	bavardages
	Mais, ça a assez duré, n'est-ce pas ? Alors, vous allez	
poteau	au piquet, vous serez privé de récréation, et pour	coin
	demain, vous écrirez cent fois « Je ne dois pas faire	
distraire	le clown en classe et dissiper mes camarades,	disposer
	en les empêchant de travailler ».	
	Le lendemain, Geoffroy nous a expliqué son message.	
	Il nous avait dit : « Ne me regardez pas comme ça ;	
porter	vous allez me faire prendre par la maîtresse. »	punir

D'après Sempé et Goscinny, *Le Petit Nicolas et les Copains*, Éd. Denoël, 1963.

Compte tes bonnes réponses ____ puis colorie les pastilles : ○○○○

Plus de 7 → 4 pastilles	6 ou 7 → 3 pastilles	4 ou 5 → 2 pastilles	moins de 4 → 1 pastille

j'exerce ma mémoire

Observe le tableau de droite. Cache-le et trouve tout ce qui a changé dans le tableau de gauche.

1 La bonne série (1)

Observe attentivement la série de dessins a. Cache la page, puis réponds à la consigne de la page 55. Fais de même pour toutes les autres séries.

a
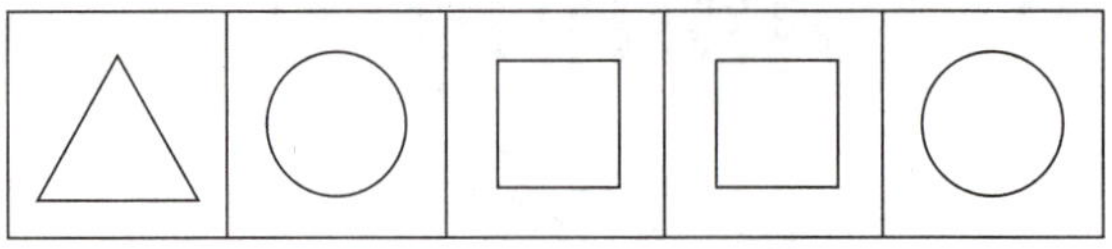

b
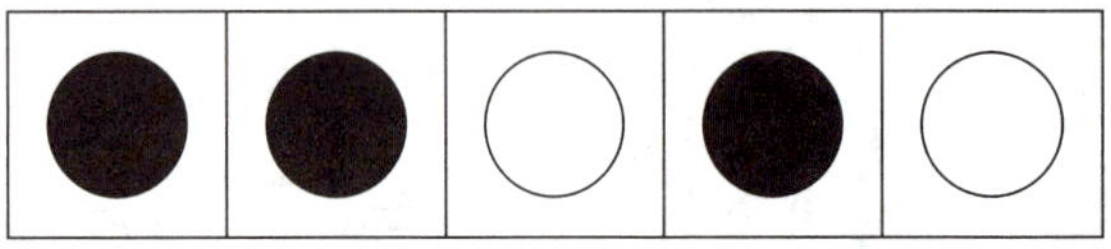

c

d

e
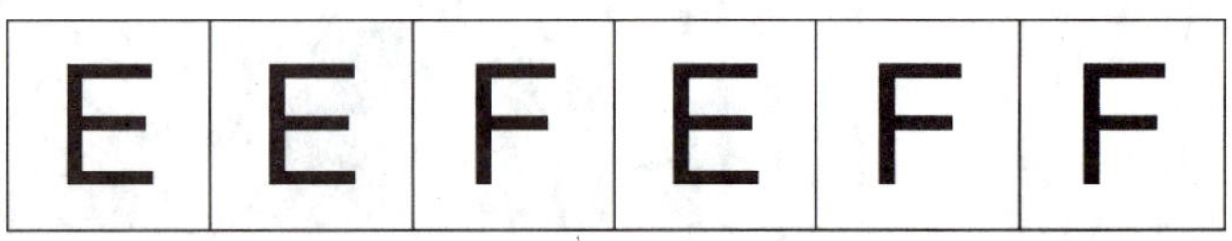

f
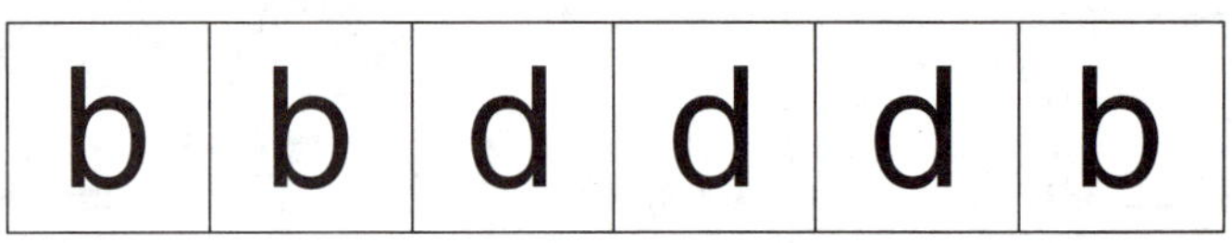

g
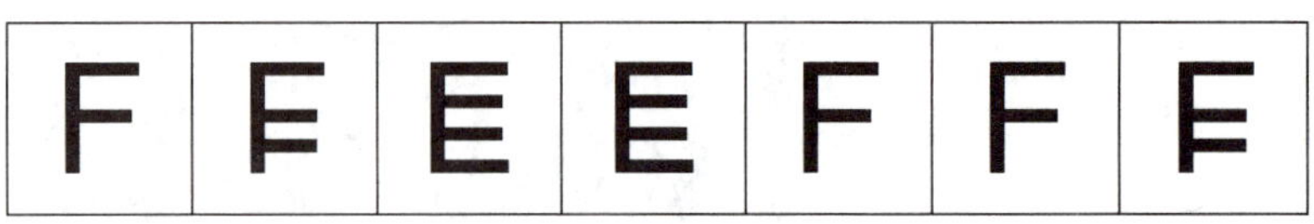

h
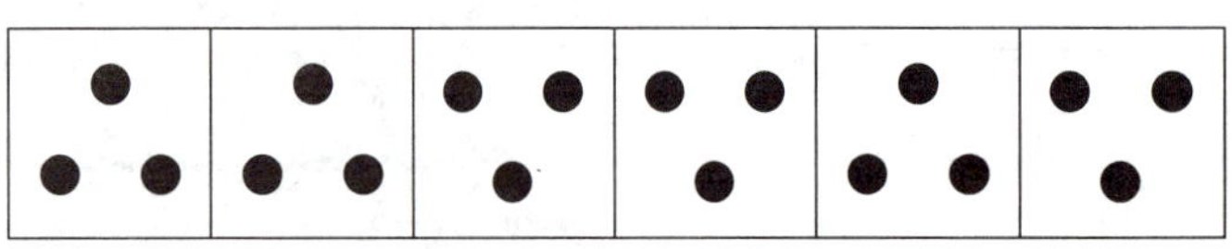

Sans regarder la page 54, entoure la série de dessins qui est exactement la même que celle que tu viens d'observer. Retourne ensuite page 54 pour recommencer avec la série suivante.

a | △ | ○ | □ | ○ | □ | | △ | ○ | □ | □ | ○ | | △ | □ | □ | □ | ○ |

b | ● | ● | ○ | ○ | ● | | ● | ○ | ● | ● | ○ | | ● | ● | ○ | ● | ○ |

c | ♡ | ♣ | ♣ | ♡ | ♣ | ♡ | | ♡ | ♣ | ♣ | ♡ | ♡ | ♡ | | ♡ | ♣ | ♣ | ♡ | ♡ | ♣ |

d
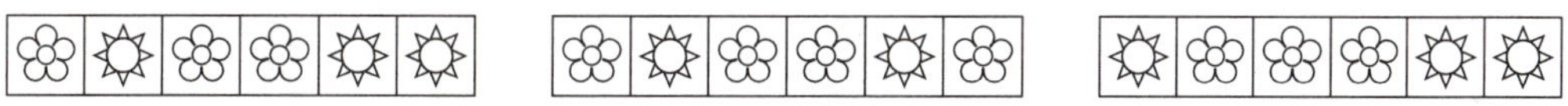

e | E | E | F | E | F | E | | E | F | F | E | F | F | | E | E | F | E | F | F |

f | b | b | b | d | d | b | | b | b | d | d | d | b | | b | b | d | d | b | b |

g

h
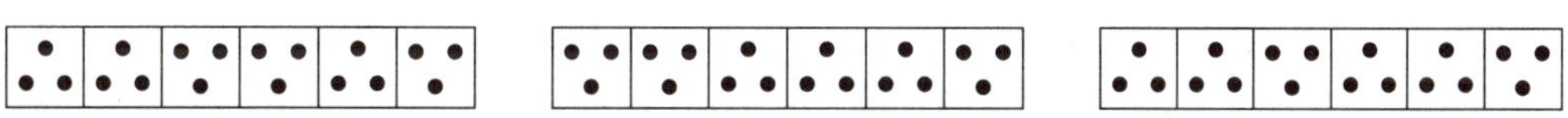

Compte tes bonnes réponses ______ puis colorie les pastilles : ○○○○

Plus de 6 → 4 pastilles	5 ou 6 → 3 pastilles	3 ou 4 → 2 pastilles	moins de 3 → 1 pastille

2 Les phrases en mémoire (1)

1 Lis attentivement la phrase a. Cache la phrase, puis réponds à la consigne 1 de la page 57. Fais de même pour toutes les autres phrases.

a Il existe environ 500 espèces de plantes carnivores dans le monde entier.

b L'Américain Neil Armstrong a été le premier homme à marcher sur la Lune.

c La langue la plus parlée au monde est le chinois.

d Le martinet peut voler à 160 km/h : c'est l'animal le plus rapide.

2 Lis attentivement la phrase a. Cache la phrase, puis réponds à la consigne 2 de la page 57. Fais de même pour toutes les autres phrases.

a Avant qu'un volcan entre en éruption, pendant plusieurs semaines, le magma monte des profondeurs de la Terre jusqu'à la surface.

b Quand le magma monte du sous-sol, sa force est si grande qu'aucun moyen humain ne peut empêcher l'éruption de se produire.

c Quand elle est chaude et liquide, la lave coule comme un fleuve.

d Au contact de l'air, la surface de la lave refroidit vite.

e En refroidissant, la lave durcit et avance beaucoup plus lentement.

f La lave qui jaillit à la surface vient souvent de 30 à 80 kilomètres de profondeur. Mais cette profondeur change beaucoup selon les volcans.

1 Sans regarder la page 56, coche, dans la série a, la phrase identique à celle que tu viens de lire. Retourne ensuite page 56 pour recommencer avec la phrase suivante.

a
- ❑ Il existe beaucoup d'espèces de plantes carnivores dans le monde.
- ❑ Il existe environ 500 espèces de plantes carnivores dans le monde entier.
- ❑ Il existe environ 500 espèces de plantes dans le monde entier.

b
- ❑ L'Américain Neil Armstrong a été le premier homme à marcher sur la Lune.
- ❑ Le Soviétique Neil Armstrong a été le premier homme à marcher sur la Lune.
- ❑ L'Américain Neil Armstrong a été le premier homme à marcher sur Vénus.

c
- ❑ La langue parlée dans le monde entier est le chinois.
- ❑ La langue la moins parlée au monde est le chinois.
- ❑ La langue la plus parlée au monde est le chinois.

d
- ❑ Le martinet vole à plus de 160 km/h : c'est l'animal le plus rapide.
- ❑ Le martinet vole parfois à 160 km/h : c'est l'oiseau le plus rapide.
- ❑ Le martinet peut voler à 160 km/h : c'est l'animal le plus rapide.

2 Sans regarder la page 56, retrouve, dans la phrase a, les mots qui manquent. Retourne ensuite page 56 pour recommencer avec la phrase suivante.

a Avant qu'un volcan entre en éruption, pendant plusieurs semaines, le magma monte des profondeurs de la Terre ____________

b ________ le magma monte du sous-sol, ____________ qu'aucun moyen humain ne peut empêcher l'éruption de se ________

c ____________ chaude et ____________, la lave coule ____________.

d ____________, la surface ________ refroidit vite.

e ____________, la lave durcit et avance ____________

f La lave ____________ vient ________ de 30 ________ kilomètres de profondeur. ________ cette profondeur change ________ selon les volcans.

1 point par phrase. Compte tes points ______ puis colorie les pastilles : ○○○○

Plus de 8 → 4 pastilles	6 à 8 → 3 pastilles	3 à 5 → 2 pastilles	moins de 3 → 1 pastille

3 Le sens en mémoire

1 Lis la phrase a. Fais bien attention à son sens (ce qu'elle veut dire). Cache la page, puis réponds à la consigne 1 de la page 59. Fais de même pour toutes les autres phrases.

a Certains bambous peuvent pousser de 90 cm par jour.

b Youri Gagarine est le premier homme à être allé dans l'espace, en fusée.

c Les habitants de Châteauroux s'appellent les Castelroussins.

d On ne sait pas si le plus grand fleuve du monde est le Nil ou l'Amazone.

e Dans l'Antarctique, il n'y a pas de pingouins mais des manchots.

2 Lis la phrase a. Fais bien attention à son sens (ce qu'elle veut dire). Cache la page, puis réponds à la consigne 2 de la page 59. Fais de même pour toutes les autres phrases.

a La langue la plus parlée dans le monde est le mandarin : l'une des langues parlées par les Chinois.

b Les albums de Tintin et Milou ont été traduits dans plus de 45 langues.

c Il y a cent ans, les Français mangeaient trois fois plus de pain qu'aujourd'hui.

d En Chine, la moitié des habitants des villes se déplace à vélo.

e Un éléphant avale 100 à 200 kg de feuilles par jour.

1 Lis la phrase a. A-t-elle le même sens que celle que tu viens de lire ? Sans regarder la page 58, coche la bonne réponse. Retourne ensuite page 58 pour recommencer avec la phrase suivante.

a Par jour, certains bambous peuvent pousser de 90 cm !
❑ le même sens ❑ pas le même sens

b Youri Gagarine fut le premier homme à être allé dans l'espace, en fusée
❑ le même sens ❑ pas le même sens

c Les habitants de Châteauroux se nomment les Castelroussins.
❑ le même sens ❑ pas le même sens

d On pense que le fleuve Amazone est plus grand que le Nil.
❑ le même sens ❑ pas le même sens

e On trouve des pingouins et non des manchots dans l'Antarctique.
❑ le même sens ❑ pas le même sens

2 Lis la phrase a. A-t-elle le même sens que celle que tu viens de lire ? Sans regarder la page 58, coche la bonne réponse. Retourne ensuite page 58 pour recommencer avec la phrase suivante.

a Le mandarin est la langue la plus parlée en Chine : tous les Chinois la parlent !
❑ le même sens ❑ pas le même sens

b 45 : c'est le nombre exact de langues dans lesquelles ont été traduits les albums de Tintin et Milou.
❑ le même sens ❑ pas le même sens

c Aujourd'hui, les Français mangent trois fois moins de pain qu'il y a cent ans.
❑ le même sens ❑ pas le même sens

d La moitié des citadins chinois se déplace à bicyclette.
❑ le même sens ❑ pas le même sens

e Chaque jour, un éléphant mange moins d'une centaine de feuilles.
❑ le même sens ❑ pas le même sens

Compte tes **bonnes réponses** ...... puis colorie les pastilles : ○○○○

Plus de 8 → 4 pastilles	6 à 8 → 3 pastilles	3 à 5 → 2 pastilles	moins de 3 → 1 pastille

Jeux

1 Sais-tu bien lire ?

À lire à haute voix et à réciter le plus vite possible :

(facile)
1. Trois grosses grenouilles croquaient trois gros grains d'orge.

(plus difficile)
2. Piano, panier, piano, panier, piano, panier, piano, panier, piano.

(très difficile !)
3. Sacha chassa son chat et Sancho sécha ses choux.

2 L'alphabet des animaux

De Âne à Zèbre, voici l'alphabet des animaux. Observe bien tous ces animaux, essaye de fixer leur nom dans ta mémoire (surtout ceux que tu ne connais pas !). Puis cache les dessins et essaye d'en retrouver le plus possible, en t'aidant de l'ordre de l'alphabet.

Âne Bison Canard Dindon Éléphant Fourmi Girafe

Hérisson Iguane Jaguar Koala Lapin Mouton Naja

Otarie Poule Quéléa à bec rouge Renard Singe Tatou Uromène

Vache Wapiti Xérus Yak Zèbre

3 Histoire pour rire, histoire de rire

Une dame s'assoit à la terrasse d'un café :
– Garçon, je voudrais une glace !
– Nous avons… vanille… chocolat… fraise…
– Ça ne fait rien, c'est pour regarder le bouton que j'ai sur le nez ! !

Texte de Béatrice Solleau, *300 histoires pour rire,* Éd. Lito, 1992.

4 La bonne série (2)

1 Observe attentivement la série de dessins a. Tourne la page, puis réponds à la consigne 1. Fais de même pour toutes les autres séries.

a
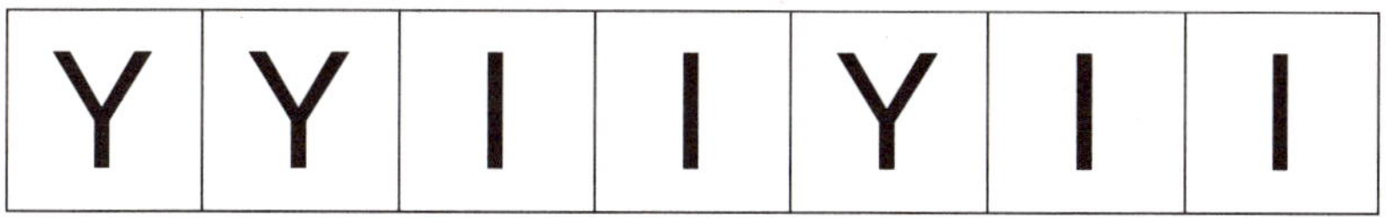

b
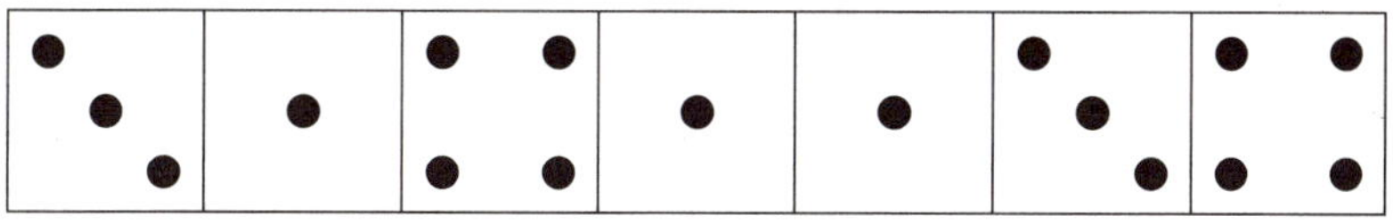

c
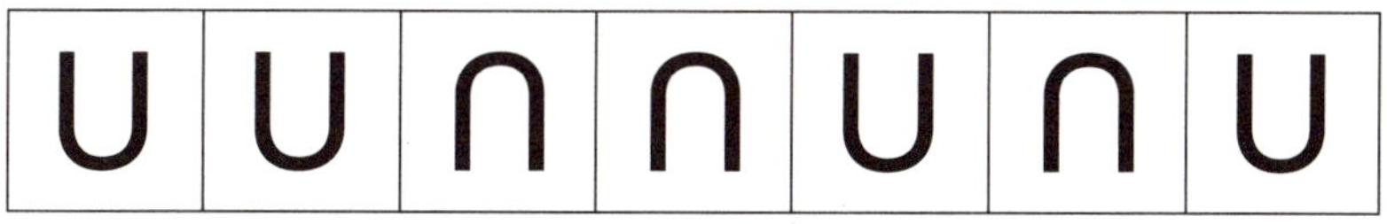

d

2 Lis attentivement la liste de mots a. Tourne la page puis réponds à la consigne 2. Fais de même pour toutes les autres listes.

a chat - poule - poule - chat - poule - chat.

b lion - tigre - chat - chat - lion - tigre - lion - chat.

c corbeau - corbeau - moineau - oiseau - corbeau - moineau.

d mon chien - ton chien - mon chien - son chien - ton chien.

1 **Sans regarder la page 61, complète la série de dessins a pour qu'elle soit identique à celle que tu viens d'observer. Retourne ensuite page 61 pour recommencer avec la série suivante.**

a	Y		I	I			
b		•		•	•		
c			∩		U		
d	F				Ⅎ		

2 **Sans regarder la page 61, complète la liste de mots a pour qu'elle soit identique à celle que tu viens de lire. Retourne ensuite page 61 pour recommencer avec la liste suivante.**

a chat - poule - ____________ - chat - ____________ - ____________.

b lion - ____________ - ____________ - chat - ____________ - ____________ - ____________ - ____________.

c ____________ - ____________ - moineau - ____________ - ____________ - ____________.

d ____________ - ton chien - ____________ - ____________ - ____________.

1 point par série ou par liste. Compte tes points ______ puis colorie les pastilles : ○○○○

Plus de 6 → 4 pastilles	5 ou 6 → 3 pastilles	3 ou 4 → 2 pastilles	moins de 3 → 1 pastille

5 Les phrases en mémoire (2)

1 Lis attentivement la phrase a. Tourne la page, puis réponds à la consigne 1 page 64. Fais de même pour toutes les autres phrases.

a Certains volcans peuvent grandir sous l'eau.

b La plupart des volcans se trouvent autour de l'océan Pacifique.

c On peut trouver des volcans sous les glaciers.

d Il y a de nombreux volcans sur la planète Mars.

e Les éruptions font un vacarme épouvantable.

2 Lis attentivement la phrase a. Tourne la page, puis réponds à la consigne 2 page 64. Fais de même pour toutes les autres phrases.

a Certains volcans sont en éruption depuis des milliers d'années.

b La lave n'est pas toujours liquide.

c La lave liquide avance très vite sur les pentes du volcan.

d La lave épaisse descend tout doucement.

e La lave qui coule est dix fois plus chaude que l'eau qui bout.

1 Sans regarder la page 63, coche, dans la série de phrases a, celle qui est identique à la phrase que tu viens de lire.
Attention aux pièges ! Parfois aucune des phrases ne correspond à celle de la page 63. Dans ce cas, entoure la lettre de la série.

a
- ❑ Certains volcans grandissent sous l'eau.
- ❑ Certains volcans peuvent naître sous l'eau.
- ❑ Certains volcans peuvent grandir sous l'eau.

b
- ❑ La plupart des volcans se trouvent près de l'océan Pacifique.
- ❑ La plupart des volcans se situent autour de l'océan Pacifique.
- ❑ La plupart des volcans se trouvent dans l'océan Pacifique.

c
- ❑ On peut trouver deux volcans sous les glaciers.
- ❑ On peut trouver des volcans dans les glaciers.
- ❑ On peut trouver des volcans sous les glaciers.

d
- ❑ Il y a de nombreux volcans sur Mars.
- ❑ Il y a de merveilleux volcans sur la planète Mars.
- ❑ Il n'y a pas de volcans sur la planète Mars.

e
- ❑ Les explosions font un vacarme épouvantable.
- ❑ Les volcans font un vacarme épouvantable.
- ❑ Les éruptions font un vacarme épouvantable.

2 Sans regarder la page 63, coche, dans la série de phrases a, celle qui est identique à la phrase que tu viens de lire.
Attention aux pièges ! Parfois, aucune des phrases ne correspond à celle de la page 63. Dans ce cas, entoure la lettre de la série.

a
- ❑ Certains volcans sont en éruption depuis des centaines d'années.
- ❑ Certains volcans sont en éruption depuis des milliers d'années.
- ❑ Certains volcans sont en éruption durant des milliers d'années.

b
- ❑ La lave est presque toujours liquide.
- ❑ La lave n'est pas toujours un liquide.
- ❑ La lave est toujours liquide.

c
- ❑ La lave liquide n'avance pas vite sur les pentes du volcan.
- ❑ La lave liquide avance très vite sur le volcan.
- ❑ La lave liquide avance très vite sur les pentes du volcan.

d
- ❑ La lave épaisse descend tout doucement.
- ❑ La lave épaisse descend doucement.
- ❑ La lave épaisse descend toujours doucement.

e
- ❑ La lave est dix fois plus chaude que l'eau qui bout.
- ❑ La lave, qui coule dix fois, est plus chaude que l'eau qui bout.
- ❑ La lave qui bout est dix fois plus chaude que l'eau qui coule.

Compte tes bonnes réponses ______ puis colorie les pastilles : ◯◯◯◯

Plus de 8 → 4 pastilles	6 à 8 → 3 pastilles	3 à 5 → 2 pastilles	moins de 3 → 1 pastille

6 Chaque chose à sa place

❶ **Observe bien le dessin de cette chambre. Tu dois fixer dans ta mémoire le nom des objets, des meubles, l'endroit où ils se trouvent. Tourne ensuite la page et réponds à la consigne 1.**

❷ **Observe bien la reproduction de ce tableau. Tu dois fixer dans ta mémoire la position des personnages et des objets. Tourne ensuite la page et réponds à la consigne 2.**

Famille de paysans dans un intérieur, Les frères Le Nain - Paris Musée du Louvre.

1 Sans regarder la page 65, complète les phrases suivantes en te souvenant du dessin que tu viens d'observer.

a Sous le lit, il y a ______________________.

b La chaise se trouve entre ______________ et ______________.

c Il y a un réveil sur ______________________.

d L'ours est posé ______________________.

e Sur le lit, il y a ______________________.

f ______________________ est sur la chaise.

g Les ______________________ sont à côté de la commode.

2 Sans regarder la page 65, complète les phrases suivantes en te souvenant du tableau que tu viens d'observer.

a Sur ce tableau, on voit deux animaux : ______________ et ______________

b L'homme tient ______________________ dans ses mains.

c L'une des femmes tient ______________ et ______________ dans ses mains.

d L'un des enfants joue ______________________.

e Dans le coin droit du tableau, par terre, il y a ______________________.

f Dans le coin gauche du tableau, par terre, il y a ______________ et ______________.

g ______________________ porte un chapeau.

1 point par phrase. Compte tes points ______ puis colorie les pastilles : ○○○○

Plus de 13 → 4 pastilles	9 à 13 → 3 pastilles	4 à 8 → 2 pastilles	moins de 4 → 1 pastille

OBJECTIF 5

Je lis pour chercher des informations

Retrouve les titres des livres qui parlent des animaux.

L'OURS BLANC

1 L'ours blanc est un redoutable chasseur, il peut abattre un phoque d'un coup de patte.

2 Certains mâles peuvent peser 500 kg et mesurer plus de 3 mètres, quand ils sont dressés sur leurs pattes arrières.

3 Les proies préférées de l'ours blanc sont les phoques, mais il mange également des poissons.

4 En hiver, la femelle de l'ours blanc creuse une tanière dans la neige pour y donner naissance à ses petits.

5 La femelle de l'ours blanc donne naissance à deux petits par portée.

6 À leur naissance, les petits oursons blancs sont presque nus et ne pèsent pas plus de 600 grammes.

7 Bien protégé par sa fourrure et une épaisse couche de graisse, l'ours blanc peut nager des heures dans la mer glacée.

LES REQUINS

8 Il existe au total 370 espèces de requins.

9 Les requins ont des mâchoires puissantes, garnies de plusieurs rangées de dents très pointues.

10 Les dents du requin sont remplacées par d'autres, dès qu'elles sont usées.

11 Le plus grand des requins est le requin baleine : il peut mesurer 12 mètres de long.

12 Les requins sont carnivores et tuent des poissons, des phoques et des tortues de mer pour se nourrir.

13 Certains requins, comme le requin blanc, sont très dangereux, mais d'autres, comme le requin baleine, ne le sont pas du tout.

14 Le requin blanc peut mesurer entre 6 et 10 mètres.

1 L'information est dans la phrase

Les questions suivantes portent sur les quatorze phrases du document ci-contre. Pour y répondre et t'aider dans ta recherche, sers-toi des mots en couleur.

a Quelles phrases t'informent sur le **requin blanc** ?

Phrases nos ____

b Quelles phrases t'informent sur **la femelle de l'ours blanc** ?

Phrases nos ____

c Quelles phrases te donnent des informations sur les **dents** des requins ?

Phrases nos ____

d Dans quelles phrases est-il question de **phoques** ?

Phrases nos ____

e Quelle phrase t'explique ce que **mange** l'**ours blanc** ?

Phrase no ____

f Quelle phrase t'explique que tous les **requins** ne sont pas **dangereux** ?

Phrase no ____

g Quelle phrase te permet de connaître le nombre d'**espèces** de **requins** ?

Phrase no ____

h Quelle phrase t'indique combien de **petits** par **portée** a la **femelle** de l'**ours blanc** ?

Phrase no ____

i Quelles phrases t'apprennent combien de **mètres** peuvent **mesurer** certains **requins** ?

Phrases nos ____

j Quelle phrase te permet de savoir combien peuvent **mesurer** et **peser** certains ours blancs **mâles** ?

Phrase no ____

Compte tes **bonnes réponses** ____ puis colorie les pastilles : ○○○○

Plus de 13 → 4 pastilles	9 à 13 → 3 pastilles	4 à 8 → 2 pastilles	moins de 4 → 1 pastille

JOUETS

Pour leurs petits souliers

Le singe savant Il grimpe le long du fil quand on remonte son mécanisme. Réédition d'un fameux jouet Lehman des années 1930. 460 F, *Vilac.*

Les balles de jonglage. Ce sont de vraies balles de «pro». Elles sont accompagnées d'une notice pour s'entraîner. Dès 7 ans. 119 F, *catalogue Bien joué.*

Les marionnettes à main. En latex, souples, mobiles, expressives, elles se prêtent à d'amusantes manipulations. Environ 110 F l'une, *Territoire, Pain d'Epices.*

Les clowns de poche. Une famille de huit clowns prêts à toutes les acrobaties. 48 F, *catalogue et boutique Le dauphin voyageur.*

Le lutin à pousser. Fixé aux roues par deux élastiques, ce poétique lutin remue bras et jambes quand on le fait rouler. 259 F, *Pain d'Epices.*

Le château fort en bois. 60 pièces en hêtre permettent de construire un château médiéval dans plusieurs architectures différentes. Dès 6-7 ans. 595 F, *Il était une fois.*

Le circuit pour billes. L'enfant élabore l'itinéraire de ses billes en emboîtant judicieusement les tubes multicolores. 145 F, *catalogue Bien joué.*

La maison de briques. De vraies briques, une truelle, du ciment non toxique, pour construire sa maison. Il suffit de la plonger dans l'eau pour dissoudre le ciment, récupérer les briques, et recommencer. Dim.: 35 cm x 16 cm x 14 cm. Dès 8 ans. 325 F, *catalogue Bien joué.*

Le camion américain. Une copie fidèle d'un authentique «truck» américain. Son montage (une centaine de pièces et décalcomanies) est à la portée des garçons minutieux. Dès 10-11 ans. L.: 65 cm. Environ 600 F, *Revell, Jouef.*

Le verger. Un magnifique premier jeu de société. Les enfants jouent contre un corbeau. Dès 3 ans. 252 F, *catalogue et boutique Le dauphin voyageur.*

Les premiers rollers. Les roues centrales se décalent et assurent la stabilité du jeune débutant. Dès 3 ans. Du 26 au 36. 210 F, *Playskool.*

L'épée et le bouclier en bois. Le bouclier de chevalier est muni d'une poignée. L'épée, 75 F; le bouclier, 185 F. *Territoire.*

La forteresse des chevaliers Deux équipes de chevaliers s'affrontent dans un château fort rempli d'astuces. Dès 4 ans. 400 F, *Fisher-Price.*

La voiture télécommandée Trois paires de roues permettent à ce 4X4 de poursuivre sa course dans toutes les positions et quel que soit l'obstacle. Avec batteries rechargeables et chargeur. 500 F, *Tyco.*

157

Nos adresses :

Il était une fois, 1, rue Cassette, 75006 Paris.
Le Dauphin voyageur, 163, rue de Rennes, 75006 Paris.
Pain d'Épices, 29, passage Jouffroy, 75009 Paris.
Territoire, 30, rue Boissy-d'Anglas, 75008 Paris.

2 La page de magazine

1 Complète le tableau à l'aide de la page de magazine ci-contre.

Nom du jouet	Prix
Les clowns de poche	______ F
Le circuit pour billes	______ F
Le singe savant	______ F
______	210 F
L'épée + le bouclier en bois	______ F
______	252 F

2 Coche, pour chaque jouet, le nom et l'adresse du magasin où l'on peut le trouver.

Nom du jouet	Nom du magasin	Adresse
a Le château fort en bois	❑ Territoire ❑ Il était une fois	❑ 1, rue Cassette (Paris) ❑ 30, rue Boissy-d'Anglas (Paris)
b Le lutin à pousser	❑ Pot d'Épices ❑ Pain d'Épices	❑ 29, rue Jouffroy (Paris) ❑ 29, passage Jouffroy (Paris)
c Le verger	❑ Le Dauphin voyageur ❑ Le Dauphin voleur	❑ 163, rue de Paris (Rennes) ❑ 163, rue de Rennes (Paris)

3 Écris le nom du jouet qui correspond à chaque phrase.

a Elle a trois paires de roues. C'est ______.

b Elles sont accompagnées d'une notice. Ce sont ______.

c Elles sont en latex. Ce sont ______.

d Il suffit de la plonger dans l'eau pour recommencer. C'est ______

______.

Compte tes bonnes réponses ______ puis colorie les pastilles : ○○○○

Plus de 10 → 4 pastilles | 7 à 10 → 3 pastilles | 4 à 6 → 2 pastilles | moins de 4 → 1 pastille

JEUDI 17 OCTOBRE

TF1

7h10 Salut les toons
Caliméro. Kangoo. Dink le petit dinosaure. Pif et Hercule. ▶ 8h25

FRANCE 2

FRANCE 3

8h15 Mission top secret (*Série*) ▶ 8h45

5e - ARTE

6h45 ♥ Jeunesse
Elastok. Cellulo. ▶ 7h45

11h ♥ Journée pour le refus de la misère
Voir article p. 14. ▶ 11h30

M6

• *Séries :*
11h55 **Papa Schultz**
12h25 ♥ **Les routes du paradis** ▶ 13h25

16h

TF1

16h25 Une famille en or (*Jeu*) ▶ 16h55

16h55 Club Dorothée ▶ 17h35

17h35 Vidéo Gag (*Divertissement*) ▶ 17h55

17h55 Football
Coupe d'Europe des vainqueurs de Coupe
▶ 19h55

FRANCE 2

• *Séries :*
17h30 **Sauvés par le gong**
17h55 **Hartley cœurs à vif** ▶ 18h40

18h40 Qui est qui ? (*Jeu*) ▶ 19h15

19h25 Studio Gabriel (*Divertissement*) ▶ 20h

FRANCE 3

16h40 Les Minikeums
Tintin. Tortues Ninja. Un chien des Flandres.
▶ 17h45

• *Jeux :*
17h45 **Je passe à la télé**
18h20 **Questions pour un champion** ▶ 18h48
20h05 **Fa si la chanter** ▶ 20h35

5e - ARTE

16h30 ♥ Les yeux de la découverte
(*Doc*) *Les chiens* ▶ 17h

17h Jeunesse
Cellulo (dessins animés), ♥ Alf (série, 17h30) ▶ 18h

18h15 Cinq sur Cinq inventions (*Magazine*)
▶ 18h30

18h30 Les géants : les baleines
(*Doc animalier*) ▶ 19h

19h ♥ Lucky Luke
(*Dessin animé*)
▶ 19h30

M6

16h45 Télé casting
▶ 17h05

17h05 Faites comme chez vous ▶ 18h

• *Séries :*
18h **Space 2063**
18h55 **Highlander**
▶ 19h54
20h **Une nounou d'enfer** ▶ 20h35

Kipa

♥ *Lucky Luke Arte 19h*

20h30

TF1

20h50 Deux justiciers dans la ville
(*Téléfilm*)
Richard Bohringer et Jean-François Stévenin, en flics de choc, décident de faire le ménage. Attention, il va y avoir de la casse ! Un téléfilm un peu plan-plan, une musique de série B, des dialogues assez grossiers : un téléfilm bêbête mais inoffensif.
▶ 22h20

FRANCE 2

20h55 Envoyé spécial (*Magazine*)
J'ai 40 ans et je passe le bac. La ferme des enfants perdus. Essences et sens.
▶ 23h

FRANCE 3

20h35 Tout le sport
▶ 20h50

20h50 Razzia sur la chnouf (*Film*)
Un gros trafiquant de drogue américain envoie Henri le Nantais à Paris, pour remettre de l'ordre dans le réseau de drogue parisien.
Ce film date des années 50. Les règles du jeu entre le "Milieu" de la drogue et les policiers ont bien changé depuis. Ce qui n'empêche pas ce film d'être assez intéressant. Attention, certaines scènes assez violentes pourront choquer les plus jeunes et les plus sensibles d'entre vous.
▶ 22h35

TF1

Deux justiciers dans la ville TF1 20h50

Kipa

♥ *Les routes du paradis M6 12h25*

3 Le programme de télévision

Coche la ou les bonne(s) réponse(s) en t'aidant de ce programme de télévision pour enfants.

a On peut regarder des jeux sur France 3 à
- ❑ 17 h 45, 18 h 20, 20 h 35.
- ❑ 17 h 45, 18 h 20, 20 h 05.
- ❑ 16 h, 16 h 40, 20 h 30.

b L'émission *Club Dorothée* sur TF1 débute à
- ❑ 16 h 55.
- ❑ 17 h 35.
- ❑ 16 h 25.

c À 18 h 30, sur la 5e, on peut regarder
- ❑ un film.
- ❑ un documentaire.
- ❑ un dessin animé.

d Sur France 2, la première émission pour enfants est
- ❑ l'après-midi.
- ❑ avant 16 h.
- ❑ après 16 h.

e Sur M6, la dernière série télévisée pour enfants est
- ❑ *Une nounou d'enfer.*
- ❑ *Les routes du paradis.*
- ❑ *Lucky Luke.*

f L'émission *Salut les Toons*, sur TF1, se termine à
- ❑ 7 h 10.
- ❑ 8 h 25.
- ❑ 16 h 25.

g Si l'on aime le sport, on peut regarder
- ❑ TF1 après 16 h.
- ❑ France 3 après 20 h 30.
- ❑ M6 le matin.

h Le matin, sur TF1, on peut regarder
- ❑ *Caliméro.*
- ❑ *Vidéogag.*
- ❑ *Pif et Hercule.*

i On pourra voir l'acteur Richard Bohringer sur TF1 dans
❑ un dessin animé. ❑ un jeu. ❑ un téléfilm.

j Le jeu *Je passe à la télé* est diffusé
❑ avant ❑ après l'émission *Les Minikeums*, sur France 3.

Compte tes bonnes réponses ____ puis colorie les pastilles : ○○○○

Plus de 10 → 4 pastilles	7 à 10 → 3 pastilles	4 à 6 → 2 pastilles	moins de 4 → 1 pastille

4 À la recherche du bon matériel

▶ **Observe ce document, puis coche dans le tableau le matériel nécessaire pour chaque déguisement. Attention aux pièges !**

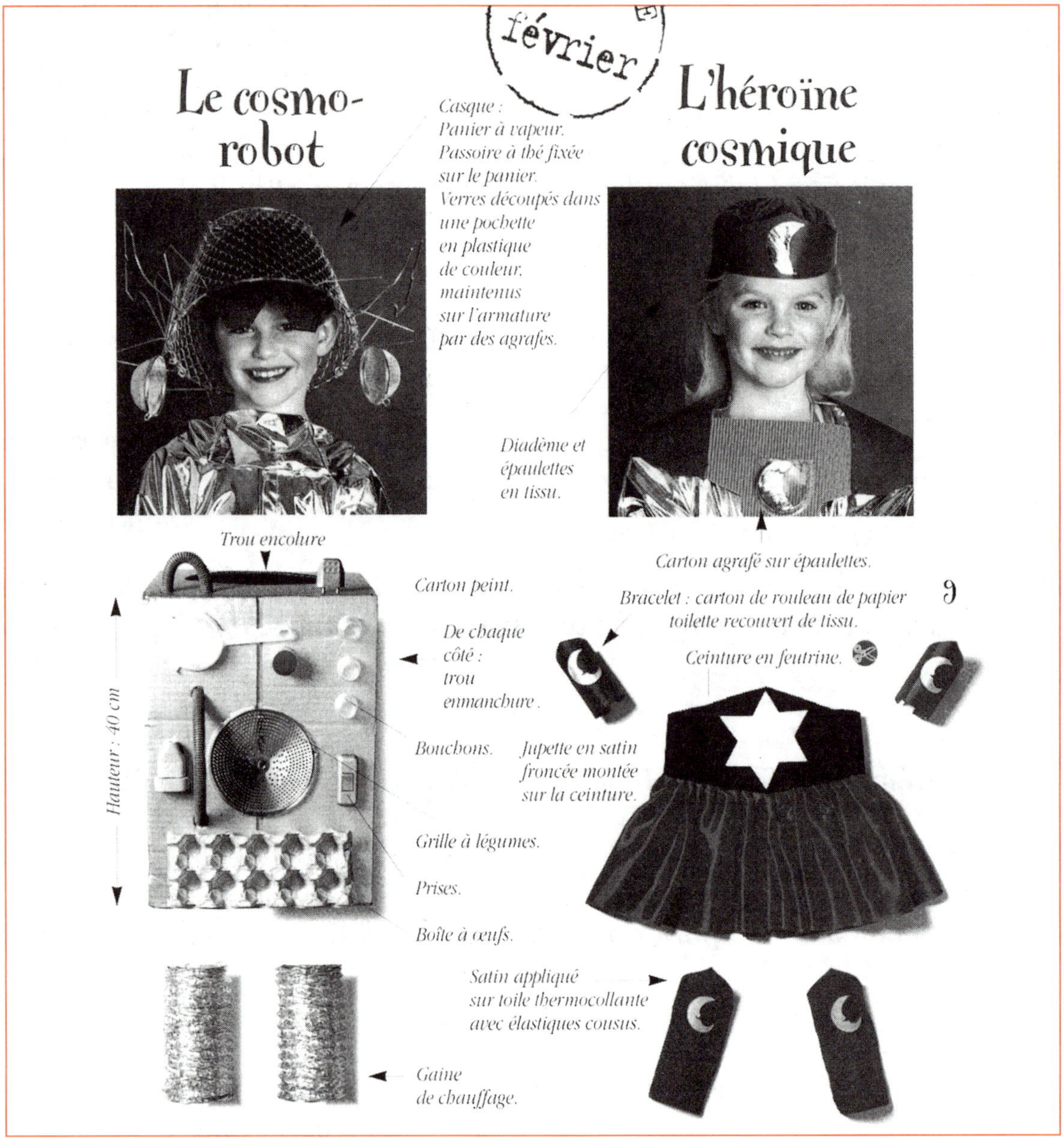

Extrait de *Pomme d'Api Parents*, Spécial carnaval, © Bayard Presse, mars 1997.

	Tissu	Feutrine	Papier toilettes	Bouchons	Agrafes	Carton	Boîte à œufs	Légumes
Le cosmo-robot								
L'héroïne cosmique								

Compte tes **bonnes réponses** ____ puis colorie les pastilles : ○○○○

Plus de 6 → 4 pastilles	5 ou 6 → 3 pastilles	3 ou 4 → 2 pastilles	moins de 3 → 1 pastille

Jeux

1 À toi de voir

Trois petits détails différencient ces deux dessins. À toi de les repérer.

Retourne ton cahier pour lire la réponse en bas de page.

2 Les Jeux Olympiques des animaux

Si les insectes pouvaient participer aux Jeux Olympiques, ce serait sans doute la puce qui obtiendrait la médaille d'or du saut en longueur. Son bond serait l'équivalent d'un bond humain de 540 mètres.
Quant à la fourmi, elle serait championne d'haltérophilie avec un poids soulevé correspondant à 3,9 tonnes.
La sauterelle, elle, aurait la médaille du saut en hauteur avec un saut équivalent, pour la taille d'un homme, à 630 mètres !

D'après *Club 77,* Album Jeunesse, Gallimard, 1976.

Dessine l'animal qui convient sur chaque podium.

Retourne ton cahier pour lire la réponse en bas de page.

3 Histoire pour rire, histoire de rire

La maman de deux garçons s'adresse au plus âgé qui a cinq ans.
– Mon chéri, tu vas avoir un autre petit frère.
– Oh ! j'aimerais mieux garder le vieux !

Texte de Béatrice Solleau, *300 histoires pour rire,* Éd. Lito, 1992.

Réponses : 1. Dans le deuxième dessin, il fallait repérer les rayures de l'abeille, le champignon et la paire de bras supplémentaire de la coccinelle.
2. Podium 1 : la fourmi. Podium 2 : la sauterelle. Podium 3 : la puce.

LES DINOSAURES

Les dinosaures n'avaient pas tous la même taille. Certains n'étaient pas plus gros qu'un dindon, d'autres étaient aussi hauts qu'un immeuble de quatre étages. Ils ne se déplaçaient pas tous de la même façon non plus : ils nageaient (comme le plésiosaure), volaient (comme l'archéoptéryx), ou marchaient (comme l'iguanodon).

Par contre, ils pondaient tous des œufs. Ils construisaient, sur le sol, des nids de boue ou pondaient dans des trous creusés dans le sable. Les plus gros œufs étaient environ de la taille de celui d'une autruche.

Les dinosaures carnivores avaient des dents acérées et des griffes. Le plus terrible d'entre eux était le tyranosaure : il pouvait mesurer 15 mètres et peser 5 à 6 tonnes. Le tyranosaure s'attaquait aux dinosaures herbivores dont il aimait la chair tendre ! Il pouvait courir à la vitesse d'un cheval au galop.

Les dinosaures herbivores, eux, avaient des dents plates, ou un bec, avec des rangées de dents à l'arrière de la mâchoire. Malgré leur taille impressionnante ils étaient inoffensifs. Le brachiosaure était le plus grand de tous les dinosaures herbivores. Il pouvait peser aussi lourd que huit éléphants.

Aucun homme n'a jamais rencontré de dinosaures : ces reptiles géants vivaient sur terre 100 millions d'années avant que l'homme n'apparaisse !

Les dinosaures ont disparu il y a 65 millions d'années, mais l'on ne connaît pas exactement les raisons de leur disparition.

On sait cependant beaucoup de choses sur leur façon de vivre grâce aux fossiles que l'on a retrouvés partout dans le monde.

5 L'information est dans le texte

Les questions suivantes portent sur le texte ci-contre. Pour trouver les réponses rapidement, souligne d'abord le (ou les) mot(s) qui te semble(nt) important(s) dans la question, puis retrouve-le(s) dans le texte.

a À quelles lignes du texte te parle-t-on des œufs des dinosaures ?

Lignes ____

b À quelles lignes du texte te parle-t-on des dents des dinosaures ?

Lignes ____

c Quel dinosaure pouvait peser 5 à 6 tonnes ?

____

d Comment s'appelait le plus grand de tous les dinosaures herbivores ?

____

e Comment se déplaçait le plésiosaure ?

____

f Retrouve et recopie la phrase qui explique pourquoi aucun homme n'a jamais rencontré de dinosaure.

____

____

g À quelle vitesse courait le tyranosaure ?

____

h Connaît-on les raisons de la disparition des dinosaures ?

____

À quelles lignes du texte as-tu trouvé la réponse à cette question ?

Lignes ____

Compte tes bonnes réponses ____ puis colorie les pastilles : ○○○○

Plus de 7 → 4 pastilles	6 ou 7 → 3 pastilles	4 ou 5 → 2 pastilles	moins de 4 → 1 pastille

Le tarif de la Poste

Pour vos envois en France

Les correspondances

LETTRE : service rapide

Mention « lettre » obligatoire pour les lettres de plus de 20 g.

poids jusqu'à	20 g	50 g	100 g	250 g	500 g	1 000 g	2 000 g	3 000 g
tarifs	3,00 F	4,50 F	6,70 F	11,50 F	16,00 F	21,00 F	28,00 F	33,00 F

LETTRE DOM-TOM par avion

poids	Dom	Tom
jusqu'à 20 g	3,00 F	3,00 F
plus de 20 g	tarif lettre + 0,30 F par 10 g	tarif lettre + 0,70 F par 10 g

ÉCOPLI : service économique

poids jusqu'à	20 g	50 g	100 g	250 g
tarifs	2,70 F	3,50 F	4,20 F	8,00 F

Lettre recommandée

Les tarifs des lettres recommandées sont les suivants : affranchissement + recommandation. Exemple pour 20 g : 3,00 F + 15,50 F (R1) = 18,50 F.

	poids jusqu'à	20 g	50 g	100 g	250 g	500 g	1 000 g	2 000 g	3 000 g
taux	R1	18,50 F	20,00 F	22,20 F	27,00 F	31,50 F	36,50 F	43,50 F	48,50 F
	R2	22,00 F	23,50 F	25,70 F	30,50 F	35,00 F	40,00 F	47,00 F	52,00 F
	R3	27,00 F	28,50 F	30,70 F	35,50 F	40,00 F	45,00 F	52,00 F	57,00 F

Les colis

DILIGO

Colis « Prêt-à-Poster » comprenant l'emballage et les frais de port. Sa garantie de délai est identique à celle de Colissimo.

quantité	unité		par 2		par étui de 10	
	N° 2	N° 4	N° 2	N° 4	N° 2	N° 4
tarifs	39,00 F	59,00 F	75,00 F	115,00 F	360,00 F	560,00 F

N° 2 : dimensions : 250 x 170 x 95 mm, poids maximum 5 kg.
N° 4 : dimensions : 320 x 215 x 145 mm, poids maximum 7 kg.

COLIECO**

poids en g	standard
0 – 250	13,00 F
250 – 500	19,00 F
500 – 1 000	24,00 F
1 000 – 2 000	29,00 F
2 000 – 3 000	34,00 F
3 000 – 5 000	44,00 F
5 000 – 7 000	54,00 F
7 000 – 10 000	64,00 F
10 000 – 15 000*	84,00 F
15 000 – 25 000*	109,00 F

poids en g	volumineux*
0 – 3 000	39,10 F
3 000 – 5 000	50,60 F
5 000 – 7 000	62,10 F
7 000 – 10 000	73,60 F
10 000 – 15 000	84,00 F
15 000 – 25 000	109,00 F

* Offre réservée au Colieco affranchi soit à la machine à affranchir par le client, soit dans le cadre du contrat de prestation d'affranchissement du courrier au bureau de poste.

** Standard : longueur + largeur + hauteur ≤ 100 cm
Volumineux : longueur + largeur + hauteur > 100 cm et ≤150 cm.

COLISSIMO**

Dans le département, délai garanti 24 heures. Hors du département délai garanti 24 heures pour les départements de proximité, 48 heures pour les autres départements.

poids en g	tarifs	
	intradépart. standard	extradépart. standard
0 – 250	13,00 F	19,00 F
250 – 500	19,00 F	27,00 F
500 – 1 000	24,00 F	33,00 F
1 000 – 2 000	29,00 F	38,00 F
2 000 – 3 000	34,00 F	43,00 F
3 000 – 5 000	44,00 F	53,00 F
5 000 – 7 000	54,00 F	63,00 F
7 000 – 10 000	64,00 F	73,00 F
10 000 – 15 000*	84,00 F	93,00 F
15 000 – 25 000*	109,00 F	118,00 F

Emballages pour paquet-poste

emballages	tarifs	
	unité	étui de 25
N° 1 : 200 x 133 x 70 mm	6,50 F	130,00 F
N° 2 : 250 x 170 x 95 mm	9,00 F	180,00 F
N° 3 : 300 x 200 x 120 mm	11,00 F	220,00 F
N° 4 : 350 x 220 x 145 mm	12,50 F	250,00 F

6 Le tarif de la Poste

Aide-toi du tarif de la Poste reproduit ci-contre pour cocher la bonne réponse.
Attention ! Pour chercher la réponse : fais attention à la question posée ; recherche sur le tarif le titre de la rubrique qui correspond à la question ; recherche la réponse dans cette rubrique.

a Ce tarif de la Poste est valable pour les envois :
❑ à l'étranger. ❑ en France. ❑ en France et à l'étranger.

b Ce tarif de la Poste est valable pour l'envoi :
❑ de lettres seulement. ❑ de lettres et de colis.

c On peut envoyer en **Écopli** une lettre pesant plus de 250 g :
❑ oui ❑ non

d Le tarif d'une **lettre « service rapide »** dépend de son poids :
❑ oui ❑ non

e Le **Diligo** est :
❑ un colis « Prêt-à-Poster ». ❑ un Colissimo.

f Il existe :
❑ 2 ❑ 4 ❑ 25 sortes d'**emballages pour paquet-poste**

g L'envoi d'une **lettre service rapide** pesant 30 g coûte :
❑ 3,00 F. ❑ 4,50 F.

h Les colis **Diligo** n° 2 sont :
❑ plus petits que les n° 4. ❑ plus grands que les n° 4.

i Le prix d'un colis « Prêt-à-Poster » **Diligo** n° 4 est de :
❑ 59,00 F. ❑ 115,00 F. ❑ 560,00 F.

j Si on envoie un **Colieco** standard pesant entre 500 et 1 000 g, on payera :
❑ 33,00 F. ❑ 24,00 F. ❑ 19,00 F.

Compte tes bonnes réponses ____ puis colorie les pastilles : ○○○○

Plus de 8 → 4 pastilles	6 à 8 → 3 pastilles	3 à 5 → 2 pastilles	moins de 3 → 1 pastille

LES FLEURS DE MONTAGNE

Les fleurs de montagne ne poussent pas toutes au même endroit : certaines se plaisent dans les forêts, d'autres préfèrent les éboulis de pierres ou le bord des ruisseaux. Chacune a son habitat préféré.
Voici quelques-unes de ces fleurs de montagne. Certaines sont protégées : il est interdit de les cueillir. Sous chaque fleur un tableau permet de savoir quel est son habitat le plus courant et la période à laquelle elle fleurit.

Habitat

A rocher
B éboulis
C prairies et pâturages
D forêts
E bord des ruisseaux

Floraison

1 janvier
2 février
3 mars
4 avril
5 mai
6 juin
7 juillet
8 août
9 septembre
10 octobre
11 novembre
12 décembre

Edelweiss

A **B** C D E

1 2 3 4 5 6 **7 8 9** 10 11 12

Tige laineuse et fleur en étoile. Protégé.

Arnica

A B **C** D E

1 2 3 4 5 **6 7 8 9** 10 11 12

Protégée.

Orchis vanillé

A B **C** D E

1 2 3 4 5 **6 7 8 9** 10 11 12

Forte odeur de vanille.

Sabot de Vénus

A B C **D** E

1 2 3 4 **5 6 7** 8 9 10 11 12

Très rare. Protégé.

Hélianthème

A **B** C D E

1 2 3 4 **5 6 7 8 9 10** 11 12

Se développe en buisson.

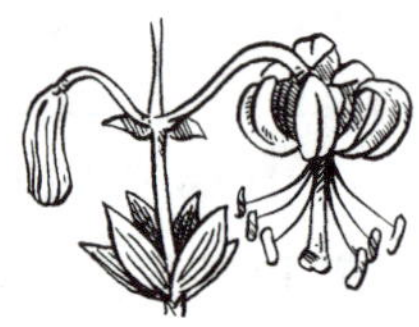

Lis Martagon

A B **C** D E

1 2 3 4 5 **6 7** 8 9 10 11 12

Odeur très désagréable.

Rhododendron

A B C **D** E

1 2 3 4 **5 6 7 8** 9 10 11 12

Toxique pour le bétail.

Gentiane acaule

A B **C** D E

1 2 3 4 **5 6 7 8** 9 10 11 12

Fleurs en forme de vase. Protégée.

Chardon bleu

A B **C** D E

1 2 3 4 5 6 **7 8 9** 10 11 12

Protégé.

7 Les fleurs de montagne

Cherche dans le document page 80 si les informations ci-dessous sont vraies ou fausses. Coche la bonne réponse.

	Vrai	Faux
a On trouve la gentiane acaule dans les rochers, dans les prairies, mais pas dans les pâturages.		
b Le rhododendron est une très bonne nourriture pour les vaches.		
c L'edelweiss fleurit de juillet à septembre.		
d Le sabot de Vénus, qui fleurit de mai à juillet, est une plante très rare.		
e Le lis martagon a un agréable parfum !		
f Un gros bouquet d'orchis vanillé parfume la maison.		
g Il faut attendre le mois de juillet pour voir fleurir le chardon bleu, au bord des ruisseaux.		
h On ne risque pas de trouver une gentiane acaule fleurie au mois d'octobre !		
i On a le droit de cueillir un bouquet d'arnica au mois de juillet.		
j Au mois de juin, on peut voir des buissons d'hélianthèmes en fleurs, dans les éboulis.		

Compte tes bonnes réponses ____ puis colorie les pastilles : ○○○○

Plus de 8 → 4 pastilles	6 à 8 → 3 pastilles	3 à 5 → 2 pastilles	moins de 3 → 1 pastille

8 À la recherche des bons ingrédients

Coche dans le tableau les ingrédients nécessaires à ces trois recettes.

Pain fourré fromagé

Ouvrir un quart de baguette en deux. Tartiner l'intérieur avec du beurre. Ajouter quelques lamelles de gruyère, deux noix épluchées et coupées en morceaux, et une belle feuille d'endive bien lavée. Refermer le pain fourré.

Pain fourré charcutier

Ouvrir un quart de baguette viennoise. Tartiner l'intérieur avec du beurre. Couper en petits cubes le quart d'une tranche de jambon épaisse et une grosse tranche de saucisson (sec ou à l'ail). Couper un cornichon en rondelles. Fourrer le pain avec le jambon, le saucisson et le cornichon, puis refermer le pain.

Pain fourré hawaïen

Ouvrir un pain au lait en deux. Tartiner l'intérieur avec la mayonnaise. Fourrer le pain avec le quart d'une tranche de jambon épaisse coupée en petits cubes et quelques morceaux d'ananas. Refermer le pain.

Claire Lhermey, *Les Goûters du mercredi*, Éd. Fleurus.

	Pain fourré fromagé	Pain fourré charcutier	Pain fourré hawaïen
baguette			
noix			
baguette viennoise			
endive			
pain au lait			
ail			
beurre			
mayonnaise			
jambon			
ananas			
saucisson			
cornichon			
gruyère			
lait			

Compte tes bonnes réponses ____ puis colorie les pastilles : ○○○○

Plus de 11 → 4 pastilles	8 à 11 → 3 pastilles	4 à 7 → 2 pastilles	moins de 4 → 1 pastille

OBJECTIF 6

Je m'entraîne à résumer

Construis la phrase la plus longue possible et la phrase la plus courte possible.

1 La juste légende

Coche la légende qui correspond exactement à l'illustration.

a Drôle de bobine

- ❑ À l'aide du crochet, fais passer l'élastique dans le trou de la bobine.
- ❑ À l'aide du crochet, sors l'élastique de la bobine.
- ❑ À l'aide du crochet, entoure l'élastique autour de la bobine.

b Passer le fer à repasser…

- ❑ Pour vider le fer, laissez s'écouler l'eau.
- ❑ Pour vider le fer, placez-le la tête en bas, et laissez s'écouler l'eau.
- ❑ Pour remplir le fer, placez-le la tête en bas, et laissez s'écouler l'eau.

c La poudre d'S. Kampète…

- ❑ Verser la poudre dans un demi-verre d'eau puis remuer.
- ❑ Verser la poudre dans un grand verre d'eau puis remuer.
- ❑ Verser la poudre dans un demi-verre d'eau en remuant.

d Avoir le dos au mur…

- ❑ Debout face au mur, accroupis-toi sans que le dos décolle du mur.
- ❑ Debout dos au mur, accroupis-toi sans que les talons se décollent du sol.
- ❑ Debout dos au mur, accroupis-toi sans que le dos décolle du mur.

e Faire son trou

- ❑ Faire un trou dans un angle, en haut du pot de yaourt.
- ❑ Faire un trou dans le fond du pot de yaourt.
- ❑ Faire un trou dans un angle, en bas du pot de yaourt.

Compte tes bonnes réponses ____ puis colorie les pastilles : ◯◯◯◯

5 → 4 pastilles	4 → 3 pastilles	3 → 2 pastilles	moins de 3 → 1 pastille

2 Le mot mystère

▶ **Trois définitions vont te permettre de trouver ce que désigne le mot mystère. Coche la bonne réponse.**

a Le nafoubognon

Le nafoubognon peut rouler.
Beaucoup d'enfants ont un nafoubognon.
Le nafoubognon a deux roues.

Le nafoubognon est
- ❑ un ballon.
- ❑ un vélo.
- ❑ un cerceau.

b Le vianopérèque

Un vianopérèque est en bois.
On trouve des vianopérèques dans les salons.
Un vianopérèque est un instrument de musique.

Le vianopérèque est
- ❑ un saxophone.
- ❑ un canapé.
- ❑ un piano.

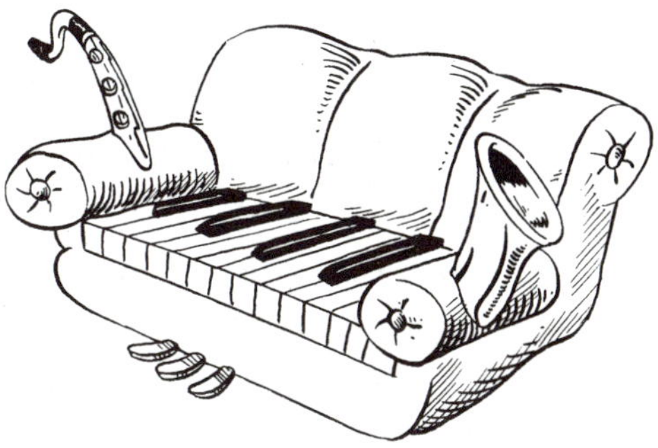

c Le marcocantrope

Le marcocantrope est une bête à cornes.
On trouve des marcocantropes dans les prés.
Le marcocantrope est souvent très féroce.

Le marcocantrope est
- ❑ un taureau.
- ❑ un chien.
- ❑ un escargot.

d Le mitérondolos

Les mitérondolos sont remplis d'eau.
On peut nager dans les mitérondolos.
Dans les mitérondolos, on trouve des poissons.

Les mitérondolos sont
- ❑ des bouteilles.
- ❑ des piscines.
- ❑ des lacs.

Compte tes **bonnes réponses** ____ puis colorie les pastilles : ○○○○

4 → 4 pastilles	3 → 3 pastilles	2 → 2 pastilles	moins de 2 → 1 pastille

3 Mais quelle était la question ?

À chaque phrase correspond une des trois questions posées à la suite. Coche la bonne question.

a C'est Jupiter ! Elle est deux fois et demie plus grosse que toutes les autres planètes !

❏ Quelle est la taille de Jupiter ?
❏ Quelle est la planète la plus grosse ?
❏ Où se trouve Jupiter ?

b En plein jour, sur Mercure, il fait 400°, une température qui ferait fondre du plomb. Mais la nuit, il fait –170°, un froid plus terrible que le plus puissant des congélateurs.

❏ Quelle température fera-t-il demain ?
❏ Quelle température fait-il sur Terre ?
❏ Quelle température fait-il sur Mercure ?

c La Lune est le seul satellite de la Terre, mais d'autres planètes du système solaire possèdent aussi des lunes : Mars en a deux, Jupiter au moins seize et Saturne plus de vingt.

❏ Existe-t-il d'autres lunes dans le ciel ?
❏ Où se trouve la Lune ?
❏ Quelle est la lune la plus grosse du système solaire ?

d Bien sûr ! Il y a tellement d'étoiles que les astronomes n'ont pas encore pu toutes les observer.

❏ Y a-t-il beaucoup d'étoiles la nuit ?
❏ Y a-t-il des étoiles inconnues ?
❏ Combien y a-t-il d'étoiles dans le ciel ?

e Nous pensons qu'aucune autre planète du système solaire n'accueille la vie. Mais ailleurs dans l'Univers, il existe sans doute d'autres êtres vivants, d'autres formes de vie.

❏ Existe-t-il d'autres êtres vivants dans l'Univers ?
❏ Faut-il être en forme pour vivre dans l'Univers ?
❏ Les planètes du système solaire sont-elles accueillantes ?

Compte tes **bonnes réponses** ____ puis colorie les pastilles : ○○○○

5 → 4 pastilles	4 → 3 pastilles	3 → 2 pastilles	moins de 3 → 1 pastille

4 Résumons-nous ! (1)

Lis ce texte, puis coche le titre qui convient pour chaque paragraphe.

Pas de chien pour Sophie

Sophie rêve d'avoir un animal, mais ses parents, M. et Mme Bouton, refusent. Pourtant, le jour de son anniversaire, une surprise l'attend…

❑ **Un chien de rêve** ❑ **Le rêve devient un cauchemar**

– Bon anniversaire, Sophie, dit Mme Bouton. Je te présente Crip : nous avons enfin trouvé le chien idéal : intelligent, obéissant, et propre-garanti sans microbes. C'est un robot. Crip, cela veut dire Chien Robot Imité Parfaitement.
Dès que ses parents eurent refermé la porte derrière eux, Sophie entreprit d'expliquer à Crip ce qu'elle pensait de lui :
– Tu te prends pour un vrai chien, mais moi je sais que tu n'es qu'une machine, une boîte de conserve déguisée.
Ce petit discours ne plut pas à Crip. Il avança vers elle en montrant ses crocs, en plastique, mais très pointus tout de même.
– Si tu crois que tu m'impressionnes, mentit Sophie.
Et elle flanqua au robot un coup de pied.
Crip n'apprécia pas du tout. Que se passa-t-il dans son cerveau électronique ? Il se mit tout à coup à courir dans la cuisine en aboyant comme un fou. Il bondit sur la table et fit le ménage à sa manière : les bols et la cafetière volèrent. Et quand il ne trouva plus rien à casser dans la cuisine, Crip passa à la salle de séjour. Sophie essaya bien de l'arrêter. Mais dès qu'elle s'approchait, le chien robot montrait ses dents. Crip ressemblait parfaitement à un chien, mais enragé.
Enfin Crip quitta la salle de séjour. Sophie le suivit prudemment. Le robot fou s'attaquait à la salle de bains. Sophie en profita pour l'enfermer. Ouf !

❑ **Crip est détraqué** ❑ **Crip retourne au magasin**

Lorsque M. et Mme Bouton rentrèrent, l'appartement ressemblait à un champ de bataille après le passage d'un ouragan.
– C'est Crip qui est détraqué, expliqua Sophie.
M. Bouton se précipita dans la salle de bains. On entendit des aboiements, des cris, des grondements, des hurlements. Enfin M. Bouton revint, la main ensanglantée :
– J'ai réussi à le déconnecter, dit-il, mais ce monstre m'a mordu. Je vais tout de suite chez le marchand de robots pour me faire rembourser cette machine.

❑ **Le cadeau de Mamie Julia** ❑ **Le cabas de Mamie Julia**

Mme Bouton et Sophie commencèrent à déblayer la cuisine. Elles s'arrêtèrent vite, découragées. C'est alors que Mamie Julia arriva. Lorsqu'elle vit l'appartement dévasté, la vieille dame poussa des cris effarés. Il fallut la mettre au courant des prouesses du chien artificiel.
– Après tout, tant mieux ! dit Mamie Julia. Mon cadeau d'anniversaire pour Sophie n'aura plus grand-chose à démolir. Et elle sortit de son cabas une petite boule de poils gris qui miaulait.
– Il s'appelle Minet, annonça Mamie Julia.

❑ **Tout s'arrange** ❑ **Tout se détraque**

Malheureusement, Mme Bouton n'aimait pas non plus les chats. Sophie désespérait de la convaincre d'adopter Minet, quand M. Bouton rentra. Il portait un volumineux paquet. C'était une sorte de poubelle à roulettes.
– Encore un robot ! gémit Mme Bouton.
– Le vendeur n'a pas voulu me rembourser le chien détraqué, expliqua M. Bouton. Mais il m'a proposé de choisir un autre robot. J'ai pensé que celui-ci nous serait utile : c'est un Robot qui Fait le Ménage.
– Eh bien, dit Mme Bouton, il peut commencer tout de suite. Et il aura du travail avec notre nouveau pensionnaire.
– Quel pensionnaire ? demanda M. Bouton.
– Minet, répondit Mme Bouton en montrant le chaton qui se faisait gaiement les griffes sur le reste du tapis.

D'après Annie Bournat, *Pas de chien pour Sophie*, D.R.

Compte tes **bonnes réponses** ____ puis colorie les pastilles : ◯◯◯◯

4 → 4 pastilles	3 → 3 pastilles	2 → 2 pastilles	1 → 1 pastille

5 L'information du jour

Lis attentivement l'information a. Coche ensuite la phrase qui résume le mieux cette information. Fais de même avec les autres informations.

a Une jeune femme de 28 ans, originaire de l'Isère, a battu le record du monde du 100 m brasse à São Paulo.

- ❑ La jeune femme est française.
- ❑ La jeune femme a battu un record de natation.
- ❑ La jeune femme nage bien.

b Une jolie petite maison aux volets verts, près de Chambéry, a été entièrement détruite par un incendie qui s'est brusquement déclaré lundi soir vers 21 h 30.

- ❑ Il y a une jolie maison aux volets verts près de Chambéry.
- ❑ Un incendie s'est déclaré.
- ❑ Près de Chambéry, une maison a été détruite par le feu.

c Perdu petite chatte rousse répondant au nom de Minouche, mercredi après-midi dans le quartier des Odeberts. Forte récompense à qui me la ramènera : Mme Rodin, 3, avenue des Sculpteurs, Trinquelin, tél. 03.86.34.02.38.

- ❑ La petite chatte de Mme Rodin est rousse.
- ❑ Mme Rodin offre une récompense.
- ❑ Mme Rodin offre une récompense à qui lui ramènera la chatte qu'elle a perdue (tél. 03.86.34.02.38).

d Dimanche après-midi, vers 18 h 35, au lieu-dit « La Maladrerie », M. J. Jeannot qui labourait ses terres a été subitement pris d'un malaise qui l'a fait chuter de son tracteur acheté la veille à la foire de Vézelay.

- ❑ M. Jeannot a eu un malaise sur son tracteur.
- ❑ Le tracteur de M. Jeannot est neuf.
- ❑ M. Jeannot a labouré dimanche après-midi.

e Vendredi, grande émotion à Château-Chinon où le président de la République est venu personnellement inaugurer les nouveaux bâtiments de l'école maternelle.

- ❑ Le président de la République est venu visiter Château-Chinon.
- ❑ Le président de la République a inauguré une école à Château-Chinon.
- ❑ Il y a une nouvelle école à Château-Chinon.

Compte tes **bonnes réponses** ____ puis colorie les pastilles : ○○○○

5 → 4 pastilles	4 → 3 pastilles	3 → 2 pastilles	moins de 3 → 1 pastille

6 Les petites annonces

Écris, à la suite de chaque texte, le numéro de la petite annonce qui donne les mêmes informations.

a Je vends une machine à écrire mécanique de la marque Erika 173. Elle est en très bon état et son prix est de 800 F. Pour me contacter, téléphoner au 02.80.47.13.40.
Petite annonce n° ____

b Je vends une baignoire en émail banc, avec toute la robinetterie, pour 300 F. Pour me contacter, téléphoner au 02.80.47.55.10 après 19 heures.
Petite annonce n° ____

c Je vends une tondeuse à gazon autotractée. Elle a une longueur de coupe de 52 cm, sa lame est neuve, elle est en état de marche, son prix est de 600 F. Pour me contacter, téléphoner au 02.80.63.35.10 aux heures des repas.
Petite annonce n° ____

d Je vends du bois de chauffage. C'est du chêne. Je peux le livrer chez vous et son prix est intéressant. Me contacter au 02.80.07.61.50.
Petite annonce n° ____

e Je vends une cuisinière qui a quatre feux et un four à gaz, ainsi qu'un compartiment pour loger la bouteille de gaz. Son prix est de 300 F. Je vends également un réfrigérateur de 200 litres pour 200 F. Pour me contacter, téléphoner au 02.80.91.46.70 aux heures des repas.
Petite annonce n° ____

Petites annonces

T.V.

1 • Vds antenne télé 300 F. Tél. 02.80.70.12.60.

2 • Vds téléviseur coul. 56 cm, nve, lot gagné tombola. Tél. 02.86.47.75.17 ap. 18 h.

3 • Vds T.V. coul. 3 000 F, val. 6 000 F + magnétoscope, 3 000 F, val. 6 000 F. Tél. 02.86.45.74.44.

LIVRES/DISQUES

4 • Vds livres scol. classe BEP comptab., 6 livres + 2 livres exerc. px 400 F, fact. Tél. 02.80.91.01.00.

5 • Vds livres 2nde agricole, b. état. Tél. 02.86.40.24.96.

BUREAU

6 • Vds machine à écrire mécanique Erika 173, tr. b. état. px 800 F. Tél. 02.80.47.13.40.

7 • Vds postes téléphones, ext. int., + 2 intercom. dép. 101, 4 lignes int. an b. état. Tél. 02.80.40.12.17.

ÉLECTRO-MÉNAGER

8 • Vds cuisinière mixte, 6 feux, four électr. 1 500 F, 1 auvent + 2 rétrov. carav. 1 300 F. Tél. 02.86.44.17.51.

9 • Vds frigidaire 200 l. Kaltomatic 500 F. Tél. 02.86.52.42.98 ap. 19 H.

10 • Vds cuisinière 4 feux et four gaz compr. loge-bouteille, 300 F, réfrigérateur 200 l, 200 F. Tél. 02.80.91.46.70. HR.

SANITAIRE

11 • Vds baignoire émail blanc, av. tte la robinett. px 300 F. Tél 02.80.47.55.10 ap. 19 H.

12 • Vds lavabo dble vasques, à encast. cl. sable, état nf. 800 F. Tél. 02.86.47.83.12.

13 • Urgt. vds adoucisseur d'eau, Culligan, nf, jamais servi, ss emballage, 1 an 1/2. Tél. 02.86.35.31.75.

JARDIN

14 • Vds tondeuse à gazon autotractée long. coupe 52 cm, lame nve, état de marche, px 600 F. Tél. 02.80.63.35.10. HR.

15 • Vds tondeuse Toro, servi 1 fois, pr 2 000 F, autotractée. Tél. 02.86.63.19.80. HR.

BOIS DE CHAUFFAGE

16 • Vds bois de chauffage chêne, livr. px intér. Tél. 02.80.07.61.50.

17 • Vds bois de chauffage chêne, à Diges, 110 F le stère, poss. livr. courte distance. Tél. 02.46.86.85.

Compte tes **bonnes réponses** ____ puis colorie les pastilles : ○○○○

5 → 4 pastilles	4 → 3 pastilles	3 → 2 pastilles	moins de 3 → 1 pastille

Jeux

1 Devinette

Le franc est la monnaie française, le dollar la monnaie américaine. Mais le Dong, le Won et le Yuan sont les monnaies de quel pays : Chine, Corée ou Vietnam ? Tu peux le trouver en lisant les renseignements puis en complétant le tableau par oui ou par non. Le premier cas est donné en exemple.

Le Yuan n'est pas
la monnaie coréenne.

Le Won n'est pas
une monnaie vietnamienne.

Les Chinois ne paient
ni en Dong ni en Won.

	Le Dong	Le Won	Le Yuan
Chine			
Corée			Non
Vietnam			

D'après la revue *Intellect,* Guy Hachette, n° 67, Éd. Jibena.

Retourne ton cahier pour lire la réponse en bas de la page.

2 Le mot mystère

Retrouve le mot mystère en t'aidant de ces informations :

Sa première lettre est dans le mot **sec** mais pas dans le mot **sel**.
Sa deuxième lettre est dans le mot **port** mais pas dans le mot **pont**.
Sa troisième lettre est dans le mot **air** mais pas dans le mot **roi**.
Sa quatrième lettre est dans le mot **aile** et dans le mot **roi**.
Sa cinquième lettre est dans le mot **ange** mais pas dans le mot **gant**.

Retourne ton cahier pour lire la réponse en bas de la page.

3 Histoire pour rire, histoire de rire

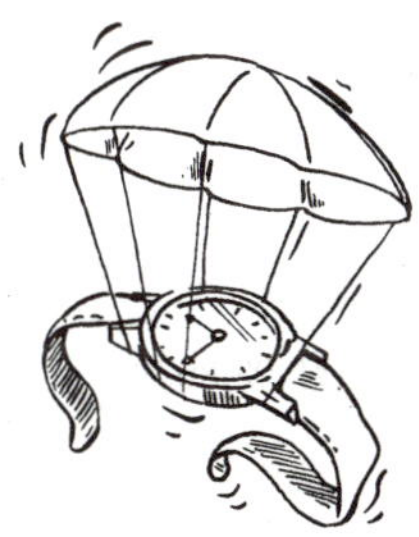

– Je peux lancer ma montre du haut de la tour Eiffel et la rattraper avant qu'elle ne se fracasse par terre, dit Olivier.
Aussitôt dit, aussitôt fait. Il lance sa montre, descend tranquillement les escaliers, va prendre un café… et rattrape sa montre juste à temps.
– Mais comment as-tu fait ? lui demandent ses copains ébahis.
– Facile ! répond Olivier, j'ai retardé ma montre d'une heure !

Texte de Béatrice Solleau, *300 histoires pour rire,* Éd. Lito, 1992.

Réponses : **1. Chine : le Yuan ; Vietnam : le Dong ; Corée : le Won.**
2. Le mot mystère est : craie.

7 Le juste dessin

Coche le dessin (ou la série de dessins) qui correspond exactement à la légende.

Le saut du sot !

a Saute de cerceau en cerceau en lançant les bras en l'air.

1. ❑

2. ❑

3. ❑

Attention danger !

b Il faut verser l'acide sulfurique dans l'eau et jamais l'eau dans l'acide sulfurique pour éviter les éclaboussures.

1. ❑

2. ❑

3. ❑

Encore un petit effort...

c Allongé sur le sol, les bras le long du corps, relever les jambes, sans plier les genoux.

1. ❑

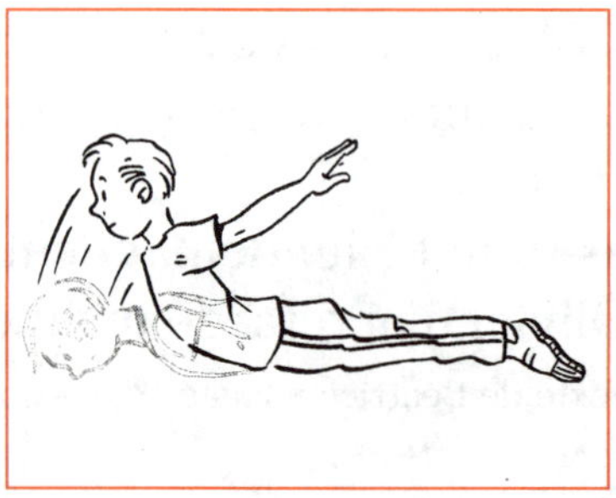
2. ❑

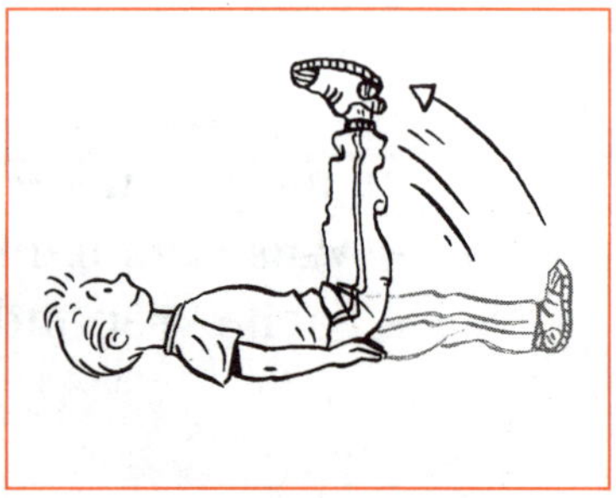
3. ❑

Le dos au mur

d Assis dos au mur, lever les jambes vers le visage sans les plier, puis les reposer au sol. Recommencer le mouvement plusieurs fois.

1. ❑
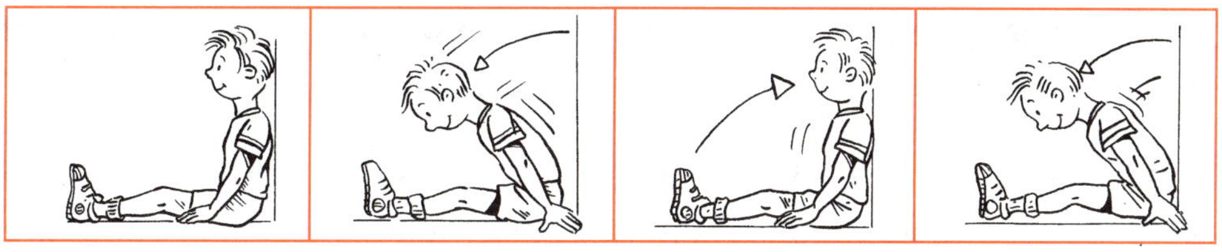

2. ❑
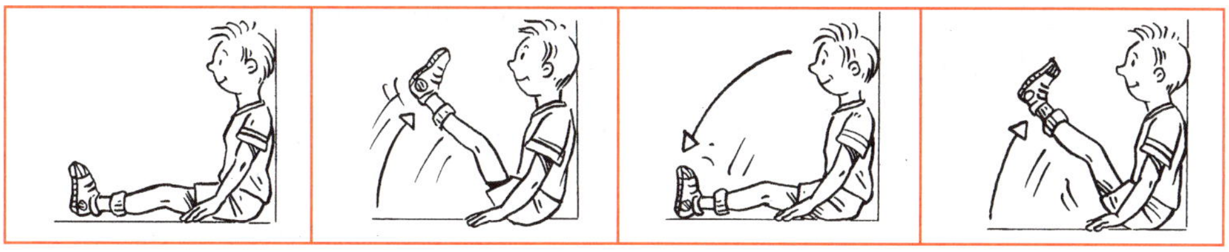

3. ❑

Les pieds au mur

e Se mettre face au mur, poser les mains par terre à environ 30 cm du mur. Lever les jambes en arrière pour venir prendre appui contre le mur.

1. ❑
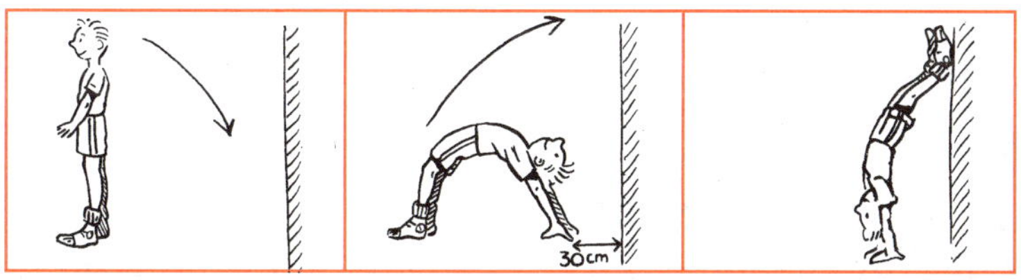

2. ❑
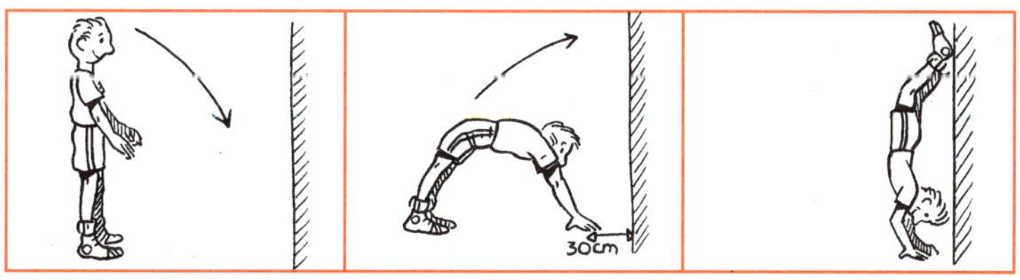

3. ❑
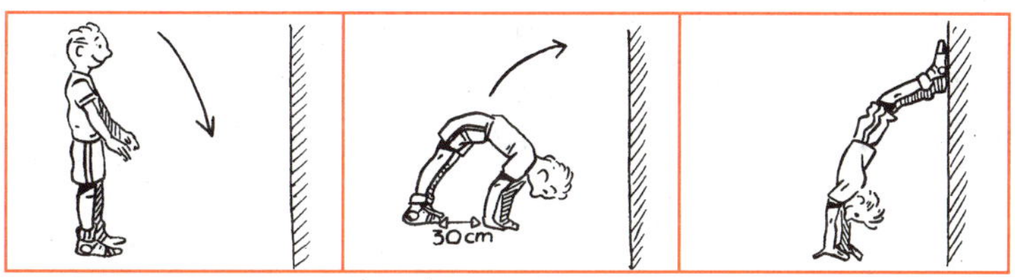

Compte tes **bonnes réponses** ____ puis colorie les pastilles : ◯◯◯◯

5 → 4 pastilles	4 → 3 pastilles	3 → 2 pastilles	moins de 3 → 1 pastille

8 Vous m'avez posé une question ?

À la suite de chaque phrase, il y a trois questions. Une seule de ces questions porte sur l'information la plus importante de la phrase. Coche-la.

a Vendredi 13 juillet, vers 22 h 30, un grand feu d'artifice sera tiré à Châteaulin, dans le Finistère, sur les bords de l'Aulme. Venez nombreux !

❑ Y aura-t-il du monde à Châteaulin le 13 juillet ?
❑ Va-t-on tirer un grand feu d'artifice ?
❑ Que va-t-il se passer à Châteaulin le 13 juillet ?

b Les premiers coups de pioche ont été donnés lundi à Métabel pour la construction du nouveau terrain de golf qui ouvrira ses portes dans deux ans.

❑ Y a-t-il un nouveau terrain de golf ?
❑ La construction du terrain de golf de Métabel a-t-elle commencé ?
❑ Le golf de Métabel va-t-il bientôt fermer ?

c Partez à l'aventure en allant en excursion au lac Bleu (altitude 2 244 m). Départ les lundis et vendredis à 8 h 45 précises.

❑ Va-t-on à l'aventure en faisant une excursion au lac Bleu ?
❑ Quels jours et à quelle heure peut-on aller au lac Bleu ?
❑ Quelle est la longueur du lac Bleu ?

d À 5 minutes des pistes de ski, à la Résidence du Creux-de-l'Ours, grand choix d'appartements toutes tailles dans un cadre merveilleux et à des prix vraiment exceptionnels.

❑ Y a-t-il des appartements à vendre à la Résidence du Creux-de-l'Ours ?
❑ Les prix sont-ils merveilleux ?
❑ Peut-on voir des ours près des pistes de ski ?

e Grand beau temps sur la majeure partie du pays, samedi. Dimanche, beau temps également, après disparition des brumes matinales.

❑ Y aura-t-il de la brume demain ?
❑ Fera-t-il soleil samedi ?
❑ Quel temps fera-t-il ce week-end ?

Compte tes bonnes réponses ____ puis colorie les pastilles : ○○○○

5 → 4 pastilles	4 → 3 pastilles	3 → 2 pastilles	moins de 3 → 1 pastille

9 Mais où est donc la réponse ?

Voici sept questions et leurs réponses dans le désordre.
Après chaque question, écris le numéro de la réponse correspondante.

Questions

a Pourrions-nous marcher sur le Soleil ? ____

b N'y a-t-il qu'un soleil dans le ciel ? ____

c Y a-t-il d'autres planètes que la Terre dans le système solaire ? ____

d Comment s'appellent les planètes du système solaire ? ____

e Les planètes tournent-elles toutes à la même vitesse ? ____

f Le Soleil est-il beaucoup plus gros que la Terre ? ____

g Est-ce que le Soleil est une boule de feu ? ____

Réponses

1 La Terre met 24 heures pour faire un tour sur elle-même, mais toutes les planètes ne tournent pas à la même vitesse.

2 Ce n'est pas vraiment une boule de feu ; le Soleil est formé de gaz.

3 Oui, dans le système solaire, huit autres planètes tournent autour du Soleil.

4 Le Soleil est une gigantesque boule, si grosse qu'elle pourrait contenir la Terre un million de fois !

5 Les neuf planètes du système solaire s'appellent : Mercure, Vénus, la Terre, Mars, Jupiter, Uranus, Saturne, Neptune et Pluton.

6 Il existe dans le ciel des milliards d'autres soleils.

7 Bien sûr que non ! parce que sa chaleur nous brûlerait, mais aussi parce que le Soleil n'a pas un sol dur comme celui de la Terre.

D'après *Dans l'air et l'espace,* collectif, Nathan, 1987, et *Le Ciel,* collectif, Nathan, 1988.

Compte tes bonnes réponses ____ puis colorie les pastilles : ○○○○

Plus de 5 → 4 pastilles	4 ou 5 → 3 pastilles	3 → 2 pastilles	moins de 3 → 1 pastille

10 Résumons-nous ! (2)

► **Relis *Pas de chien pour Sophie*, pages 87-88, puis entoure les mots de la marge qui conviennent pour que ce texte résume l'histoire que tu viens de lire.**

animal	Sophie rêve d'avoir un __________ mais	ordinateur
peuvent	ses parents ne __________ pas.	veulent
sa fête	Jusqu'au jour où, pour __________	son anniversaire
	sa mère lui offre un chien.	
Hélas	__________, ce chien, qui est en fait	Heureusement
nettoyer	un robot, va tout __________	casser
Furieux	dans leur appartement. __________	Ravi
	M. Bouton va le reporter chez le marchand	
	de robots et revient avec un Robot Qui Fait	
la Vaisselle	__________	le Ménage
Mme Bouton	Ça tombe bien, car __________ vient	Mamie Julia
un perroquet	justement d'offrir un __________ à	chaton
	Sophie !	

Compte tes **bonnes réponses** ____ puis colorie les pastilles : ○○○○

Plus de 7 → 4 pastilles	6 ou 7 → 3 pastilles	4 ou 5 → 2 pastilles	moins de 4 → 1 pastille

N° d'éditeur : 10095301 - (VII) - (90) - OSBS 80° - Mai 2002
Achevé d'imprimer sur les presses de JOUVE - N° 306567M